MW01115422

Illustrated by
Daniel J. Hochstatter

Library of Congress Cataloging-in-Publication Data

Just Look 'n Learn Italian picture dictionary / illustrated by Daniel J. Hochstatter.
p. cm.
Includes index.
ISBN 0-8442-8057-7
1. Picture dictionaries, Italian—Juvenile literature. 2. Italian language—Dictionaries, Juvenile—English. I. Hochstatter, Daniel J.
PC1629.J87 1996
453'.21—dc20 96-9661
CIP

Published by Passport Books
An imprint of NTC/Contemporary Publishing Company
4255 West Touhy Avenue, Lincolnwood (Chicago), Illinois 60646-1975 U.S.A.

Printed in Hong Kong

7 8 9 WKT 0 9 8 7 6 5 4 3 2

What is in this book?

The *Words and Pictures* start on the next page.

Each entry shows how someone who lives in a place where Italian is spoken would say the English word and example sentence in Italian.

There are many *Numbers* to learn on pages 82 and 83.

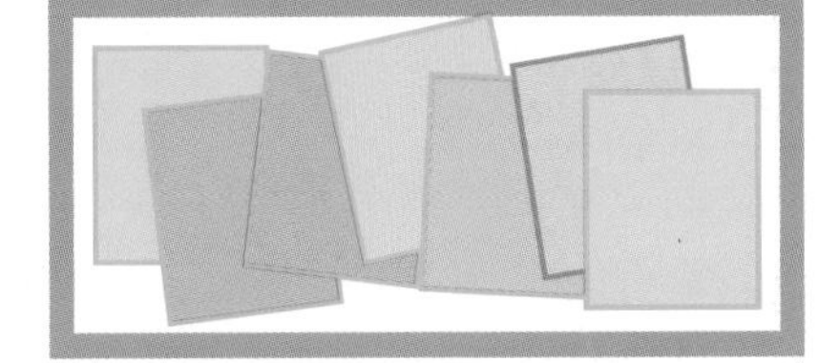

Learn the *Days of the Week* on page 84.

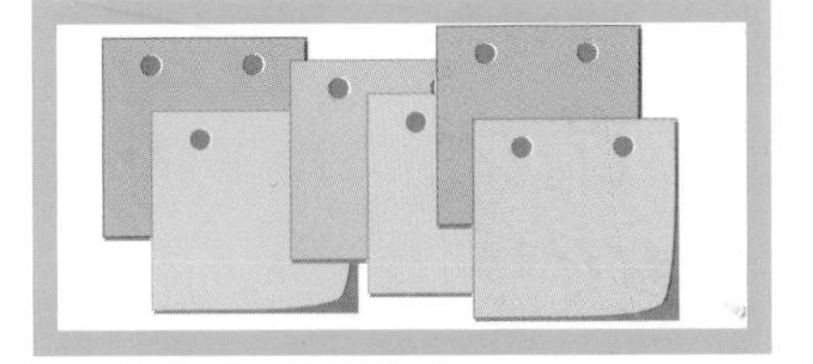

See the names of the *Months* on page 85.

The names of different *Shapes* are on page 86.

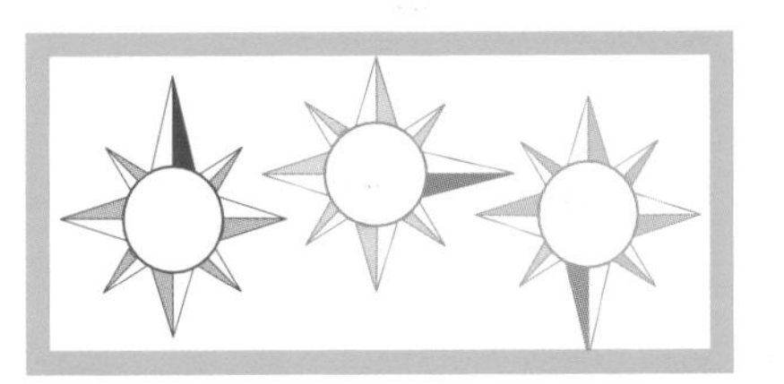

Learn about *Compass Directions* on page 87.

Try telling *Time* on page 88.

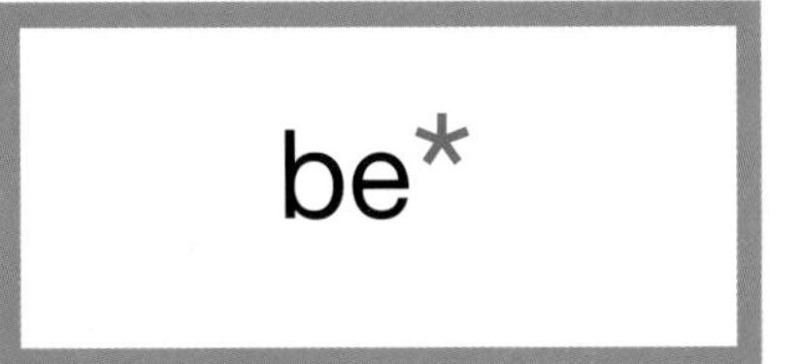

When you see an * in the dictionary, look for the *Irregular English Words* on page 88.

An *Index* to the Italian Words starts on page 89.

AaAaAaAa

above
sopra

Una lampada è sospesa sopra il tavolo.

A lamp hangs above the table.

acorn
la ghianda

Agli scoiattoli piace mangiare le ghiande.

The squirrels love to eat acorns.

acrobat
l'acrobata (m., f.)

L'acrobata cammina sulle mani.

The acrobat walks on her hands.

actions
le azioni

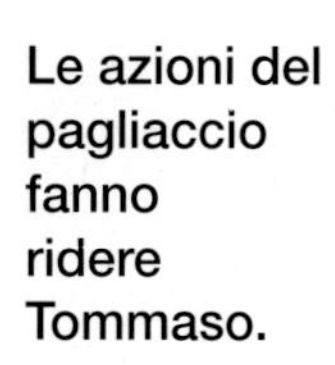

Le azioni del pagliaccio fanno ridere Tommaso.

Thomas laughed at the clown's actions.

actor
l'attore (m.)

L'attore è sotto i riflettori.

The actor is in the spotlight.

actress
l'attrice (f.)

L'attrice è in televisione.

The actress is on television.

add
aggiungere

Aggiungi il latte ai cereali.

Add the milk to the cereal.

address
l'indirizzo (m.)

L'indirizzo è sul pacchetto.

The address is on the package.

after
dopo

Giochiamo a pallone dopo la scuola.

We play ball after school.

air
l'aria (f.)

L'aria fredda viene dalla finestra.

Cold air is coming in the window.

airplane
l'aeroplano (m.)

L'aeroplano vola tra le nuvole.

The airplane is flying through clouds.

alarm clock
la sveglia

La sveglia di Susanna è sul comodino.

Susan's alarm clock is on the night table.

alike
simile

I fiori sono simili.

The flowers look alike.

all
tutto

Tutte le foglie sono cadute.

All the leaves have fallen.

alligator
l'alligatore (m.)

L'alligatore è uscito fuori dal fiume.

The alligator climbed out of the river.

alphabet
l'alfabeto (m.)

La studentessa ha scritto l'alfabeto.

The student wrote the alphabet.

always
sempre

Il bambino sorride sempre.

The baby always smiles.

ambulance
l'ambulanza (f.)

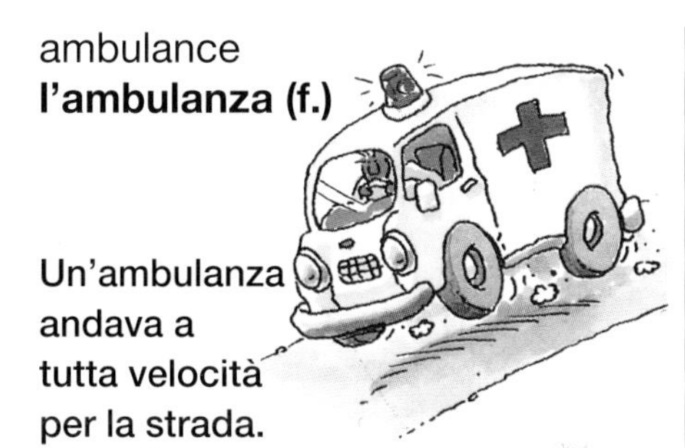

Un'ambulanza andava a tutta velocità per la strada.
An ambulance raced down the street.

---

anchor
l'ancora (f.)

Stefano ha calato l'ancora nell'acqua.
Steven dropped the anchor into the water.

---

angel
l'angelo (m.)

Gli angeli hanno le ali.
Angels have wings.

---

angry
arrabbiato

Tommaso sta facendo una faccia arrabbiata.
Thomas is making an angry face.

---

animal
l'animale (m.)

Molti animali vivono nello zoo.
Many animals live at the zoo.

---

ant
la formica

Le formiche sono entrate nella zuccheriera.
The ants climbed into the sugar bowl.

---

apple
la mela

In questa mela c'è un verme.
This apple has a worm in it.

---

apricot
l'albicocca (f.)

Le albicocche crescono sugli alberi.
Apricots grow on trees.

---

apron
il grembiule

Sul grembiule del cuoco c'è della senape.
The cook's apron has mustard on it.

---

aquarium
l'acquario (m.)

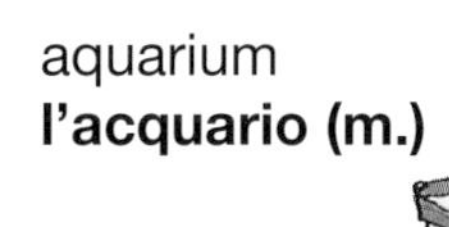

L'acquario di Tommaso è pieno di pesci.
Thomas's aquarium is full of fish.

---

archer
l'arciere (m.)

Un arciere porta l'arco e le frecce.
An archer carries a bow and arrows.

---

arm
il braccio

C'è un pettirosso sul braccio di Elena.
A robin is sitting on Helen's arm.

---

armchair
la poltrona

La nuova poltrona è comoda.
The new armchair is comfortable.

---

around
attorno

C'è un recinto attorno alla nostra casa.
A fence goes around our house.

---

arrow
la freccia

La freccia indica la porta.
The arrow points to the door.

---

arrowhead
la punta di freccia

Ho trovato una punta di freccia nel campo.
I found an arrowhead in the field.

---

art
l'arte (f.)

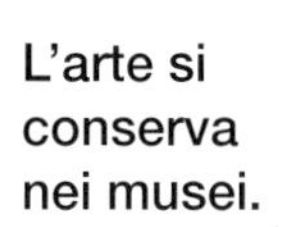

L'arte si conserva nei musei.
Art is kept at the museum.

---

artist
l'artista (m., f.)

L'artista sta dipingendo un quadro dell'oceano.
The artist is painting a picture of the ocean.

astronaut
l'astronauta (m., f.)

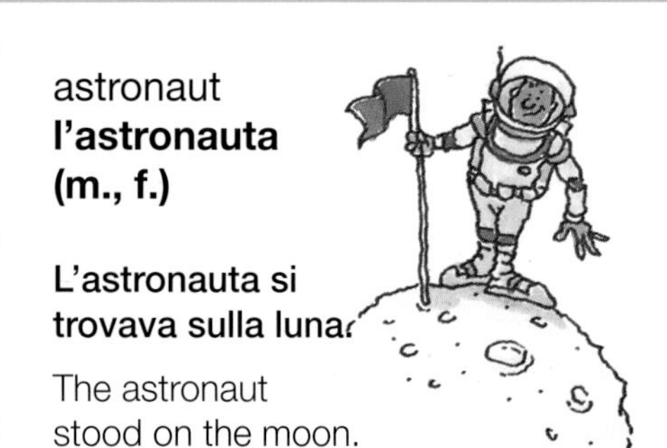

L'astronauta si trovava sulla luna.

The astronaut stood on the moon.

attic
il soffitta

La casa della nonna ha un soffitta.

Grandma's house has an attic.

avocado
l'avocado (m.)

Maria ha mangiato un avocado per pranzo.

Mary ate an avocado for lunch.

at
a

Giacomino è a casa tutto il giorno.

Jimmy is at home all day.

aunt
la zia

La zia di Tommaso è la sorella di suo padre.

Thomas's aunt is his father's sister.

away
via

Il coniglio è fuggito.

The rabbit ran away.

athlete
l'atleta (m., f.)

L'atleta ha vinto una medaglia d'oro.

The athlete won a gold medal.

autumn
l'autunno (m.)

In autunno rastrelliamo le foglie.

In autumn we rake leaves.

ax
l'ascia

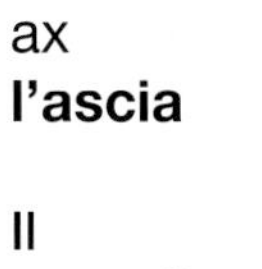

Il contadino sta abbattendo l'albero con l'ascia.

The farmer is cutting the tree down with an ax.

Bb*Bb*Bb*Bb*

back
il retro

Susanna ha una chiusura lampo sul retro del vestito.

Susan has a zipper on the back of her dress.

badminton
il volano

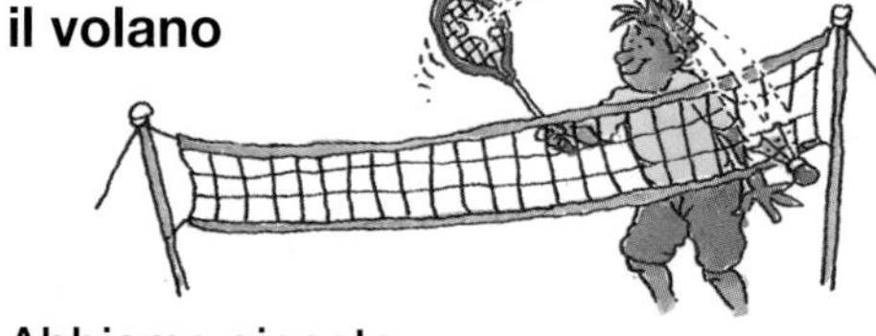

Abbiamo giocato al volano in cortile.

We played badminton in the yard.

backpack
lo zaino

Molti studenti vanno a scuola con lo zaino.

Many students wear backpacks to school.

bag
il sacchetto

Guglielmo mette una mela nel sacchetto.

William puts an apple into his lunch bag.

baby
il bambino

Il bambino sta giocando con i giocattoli.

The baby is playing with toys.

bad
brutto

Il tempo era troppo brutto per fare un picnic.

The weather was too bad for a picnic.

baggage
il bagaglio

I nostri bagagli erano pesanti!

Our baggage was heavy!

bake
cuocere (al forno)

Mia mamma ha cotto il pane.
My mom baked some bread.

baker
il panettiere
la panettiera

Il panettiere è felice.
The baker is happy.

bakery
la panetteria

Lo zio Edoardo compra il pane in panetteria.
Uncle Edward buys bread at the bakery.

ball
la palla

La mia palla nuova è sul tetto.
My new ball is on the roof.

balloon
il palloncino

Il ragazzo ha il palloncino legato al polso.
The boy's balloon is tied to his wrist.

banana
la banana

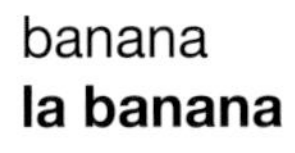

Mangio le banane con i cereali.
I have bananas with my cereal.

band
la banda

La banda sta suonando nel parco.
The band is playing in the park.

bandage
il cerotto

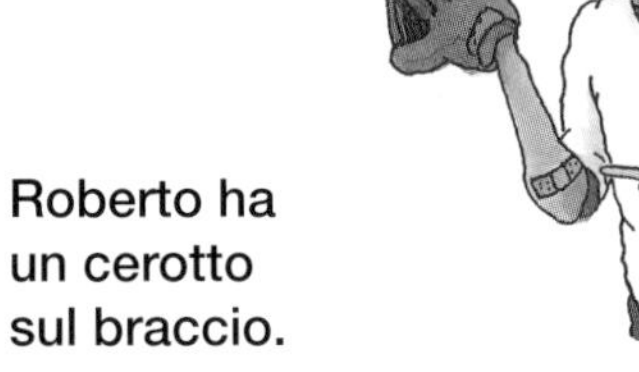

Roberto ha un cerotto sul braccio.
Robert has a bandage on his arm.

bang
lo scoppio

Il palloncino ha fatto un forte scoppio.
The balloon made a loud bang.

bangs
la frangia

La frangia di Elena le cade sulla fronte.
Helen's bangs hang down over her forehead.

bank
la banca

Porto i soldi in banca.
I take my money to the bank.

banner
lo striscione

Nel corteo ho portato uno striscione rosso e dorato.
I held a red and gold banner in the parade.

barbecue
la graticola
Ha cotto il pollo sulla graticola.
He cooked chicken on the barbecue.

barbecue
arrostire
Lo zio Edoardo ha arrostito un pollo per cena.
Uncle Edward barbecued a chicken for dinner.

barber
il barbiere

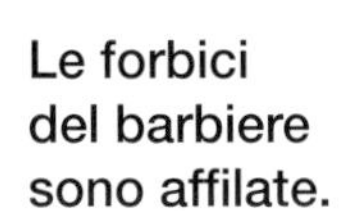

Le forbici del barbiere sono affilate.
The barber's scissors are sharp.

barn
la stalla

Il contadino tiene le mucche nella stalla.
The farmer keeps his cows in the barn.

barrel
il barile

Potrei bere un barile di limonata!
I could drink a barrel of lemonade!

barrette
il fermaglio

Maria porta un fermaglio sui suoi lunghi capelli.
Mary wears a barrette in her long hair.

baseball
la palla da baseball

Guglielmo
prese la palla da baseball.
William caught the baseball.

---

basket
il cestino

Il cestino è
pieno di uova.
The basket is full of eggs.

---

basketball
la
pallacanestro

Gli studenti
stanno giocando a pallacanestro.
The students are playing basketball.

---

bat
il pipistrello

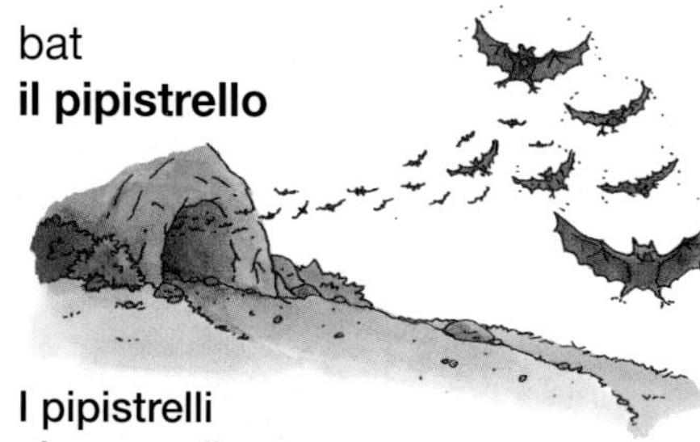

I pipistrelli
vivono nella grotta.
Bats live in the cave.

---

bat
la mazza (da baseball)

Roberto colpì la palla
da baseball con la nuova mazza.
Robert hit the baseball
with his new bat.

---

bath
il bagno

Giacomino si
sta facendo il bagno.
Jimmy is taking a bath.

---

bathe
fare il bagno

La mamma
fa spesso il
bagno a Giacomino.
Mother bathes baby Jimmy often.

---

bathing suit
il costume
da bagno

Il mio
costume
da bagno
è verde.
My bathing suit
is green.

---

bathrobe
l'accappatoio
(m.)

La mia mamma
ha un vecchio
accappatoio
viola.
My mom has an
old, purple bathrobe.

---

bathroom
il bagno

Il bagno
è pulito.
The bathroom is clean.

---

bathtub
la vasca
da bagno

I bambini hanno
giocato nella vasca da bagno.
The children played in the bathtub.

---

bay
la baia

Le barche
sono al sicuro nella baia.
The boats in the bay are safe.

---

be*
essere

Presto
sarai alto.
You will be tall soon.

---

beach
la spiaggia

La spiaggia
è coperta di sabbia bianca.
White sand covers the beach.

---

beak
il becco

L'uccello
mangia
col becco.
A bird eats with its beak.

---

bear
l'orso (m.)

Un orso
bruno
è uscito
dalla foresta.
A brown bear ran
out of the forest.

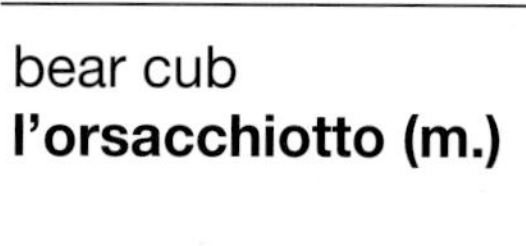

---

bear cub
l'orsacchiotto (m.)

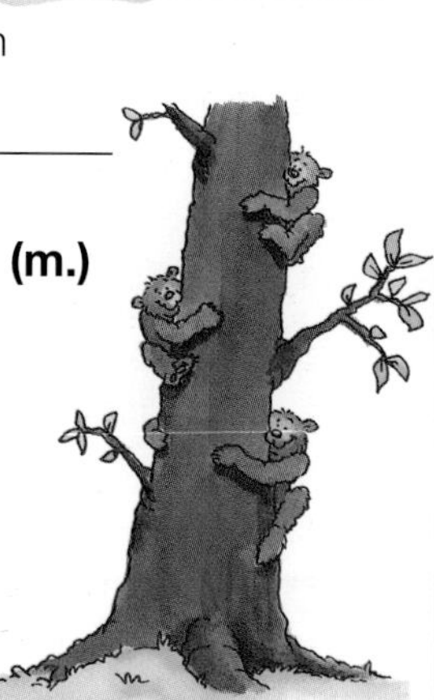

Gli
orsacchiotti
sono saliti
su un albero.
The bear cubs
climbed a tree.

beard
la barba

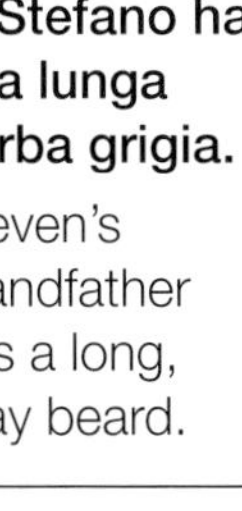

Il nonno di Stefano ha una lunga barba grigia.
Steven's grandfather has a long, gray beard.

beautiful
bello

Il vestito di Susanna è bello.
Susan's dress is beautiful.

beaver
il castoro

Il castoro ha la coda piatta.
The beaver has a flat tail.

become*
diventare

Susanna sta diventando alta.
Susan is becoming tall.

bed
il letto

Il mio letto è troppo morbido.
My bed is too soft.

bedroom
la camera da letto

Nella camera da letto di Maria ci sono due letti.
Mary's bedroom has two beds in it.

bee
l'ape (f.)

Le api fanno il miele.
Bees make honey.

behind
dietro

Il ragazzo alto stava dietro suo fratello.
The tall boy stood behind his brother.

bell
il campanello

Stefano suona il campanello per cena.
Steven rings the bell for dinner.

below
sotto

L'acqua scorre sotto il ponte.
Water runs below the bridge.

belt
la cintura

La cintura di Stefano è troppo larga per i suoi pantaloni.
Steven's belt is too wide for his pants.

bench
la panchina

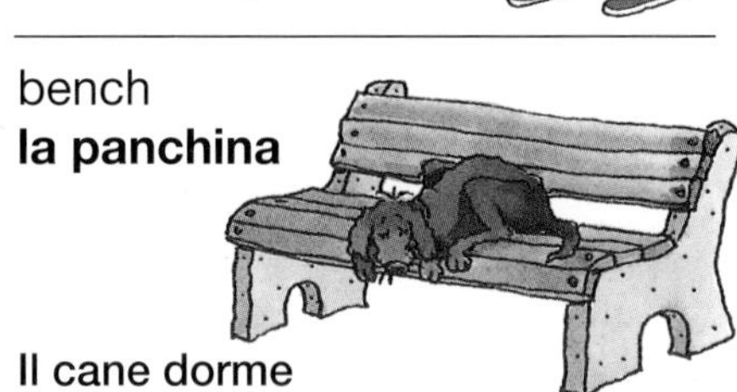

Il cane dorme sulla panchina.
The dog is sleeping on the bench.

beneath
sotto

Il mio letto è sotto quello di mio fratello.
My bed is beneath my brother's.

beside
accanto

Il cane stava accanto alla mia sedia.
The dog sat beside my chair.

best*
migliore

L'atleta migliore vince il premio.
The best athlete wins a prize.

better*
migliore

Susanna è una podista migliore di Guglielmo.
Susan is a better runner than William.

between
tra

Mia zia è seduta tra me e mia sorella.
My aunt sits between me and my sister.

bicycle
la bicicletta

Susanna va spesso a scuola in bicicletta.
Susan often rides her bicycle to school.

big
grande

Questa torta è grande!
This is a big cake.

---

big top
il tendone

Una tenda da circo si chiama tendone.
A circus tent is called a big top.

---

bill
il becco

Il becco dell'uccello è arancione.
The bird's bill is orange.

---

bill
il biglietto

Tommaso ha trovato un biglietto da cinque dollari.
Thomas found a five-dollar bill.

---

binoculars
il binocolo

Roberto sta guardando col binocolo.
Robert is looking through the binoculars.

---

bird
l'uccello (m.)

L'uccello stava sull' albero.
The bird sat in the tree.

---

birthday
il compleanno

Mio fratello ha dato una festa per il suo compleanno.
My brother had a party on his birthday.

---

birthday cake
la torta di compleanno

Sulla mia torta di compleanno ci sono delle candele.
My birthday cake has candles on it.

---

bite*
morsicchiare

Smettila di morsicchiarti le unghie.
Stop biting your fingernails.

---

bite
il boccone

Me ne dai un boccone?
Will you give me a bite?

---

black
nero

Mio padre indossa un vestito nero per andare al lavoro.
My father wears a black suit to work.

---

blackboard
la lavagna

Elena cancellerà la lavagna.
Helen will clean the blackboard.

---

blanket
la coperta

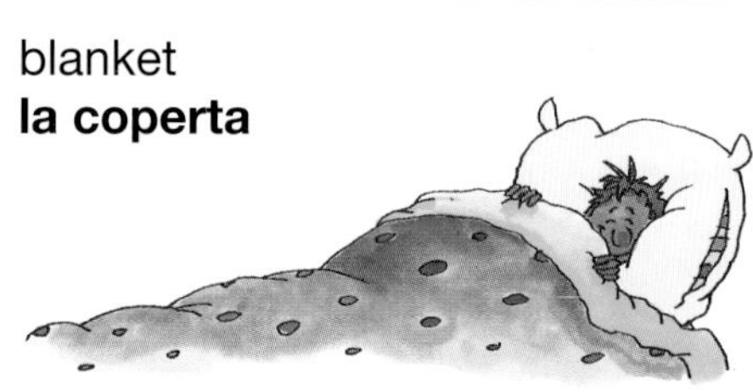

La coperta mi mantiene caldo.
My blanket keeps me warm.

---

block
l'isolato (m.)

Faccio tre isolati a piedi per andare a scuola.
I walk three blocks to school.

---

block
il cubo

Mia sorellina gioca con i cubi.
My little sister plays with blocks.

---

blossom
il fiore

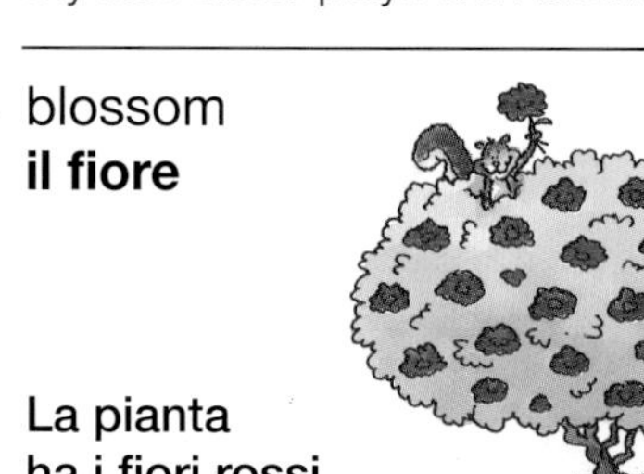

La pianta ha i fiori rossi.
The plant has red blossoms.

---

blouse
la camicetta

Ho una camicetta che va con la gonna.
I have a blouse to go with my skirt.

blow*
soffiare

Il vento soffiava muovendo il nostro aquilone nel cielo.

The wind blew our kite around the sky.

---

blue
blu

La farfalla è blu.

The butterfly is blue.

---

blush
arrossire

Elena arrossì quando fu chiamato il suo nome.

Helen blushed when her name was called.

---

board
la tavola

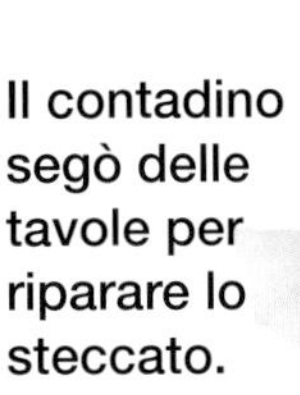

Il contadino segò delle tavole per riparare lo steccato.

The farmer sawed boards to fix the fence.

---

boat
la barca

Guglielmo è andato in barca sul laghetto.

William sailed his boat on the pond.

---

body
il corpo

Il corpo si lava nella vasca.

You wash your body in the bathtub.

---

bone
l'osso (m.)

Il cane ha portato l'osso alla sua cuccia.

The dog carried the bone to his house.

---

book
il libro

Stefano sta leggendo un libro.

Steven is reading a book.

---

bookcase
lo scaffale

Lo scaffale è pieno.

The bookcase is full.

---

boot
lo stivale

Indosso gli stivali quando nevica.

I wear boots when it snows.

---

both
entrambi

Entrambe le mele sono rosse.

Both apples are red.

---

bottle
la bottiglia

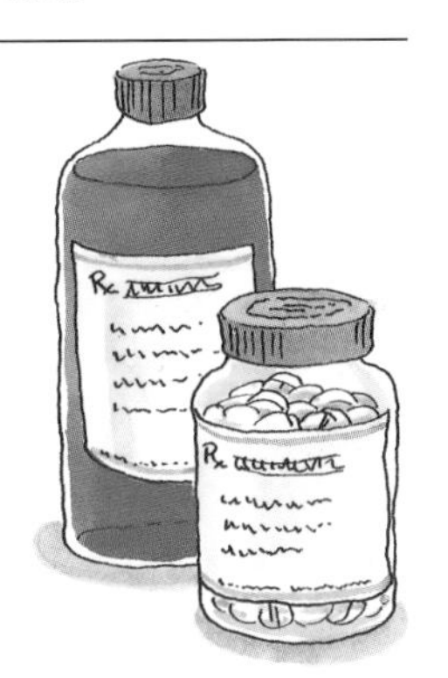

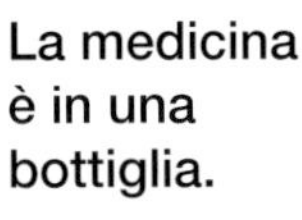

La medicina è in una bottiglia.

The medicine is in a bottle.

---

bottom
in fondo

Guglielmo aprì il cassetto in fondo.

William opened the bottom drawer.

---

boulder
il masso

E' caduto un masso vicino alla macchina.

A boulder fell near the car.

---

bouquet
il mazzo

Ho regalato alla nonna un grosso mazzo di fiori.

I gave Grandma a big bouquet of flowers.

---

bow
inchinarsi

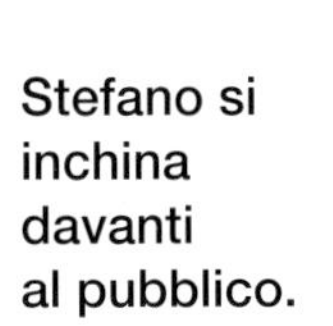

Stefano si inchina davanti al pubblico.

Steven is bowing to the audience.

---

bow
il fiocco

Sul pacco c'era un grosso fiocco.

There was a large bow on the package.

---

bowl
la scodella

Tommaso ha mangiato una scodella di cereali.

Thomas ate a bowl of cereal.

box
la scatola

Il regalo è arrivato in una grande scatola.

The gift came in a big box.

---

boy
il ragazzo

Mia fratello è un bravo ragazzo.

My brother is a good boy.

---

bracelet
il braccialetto

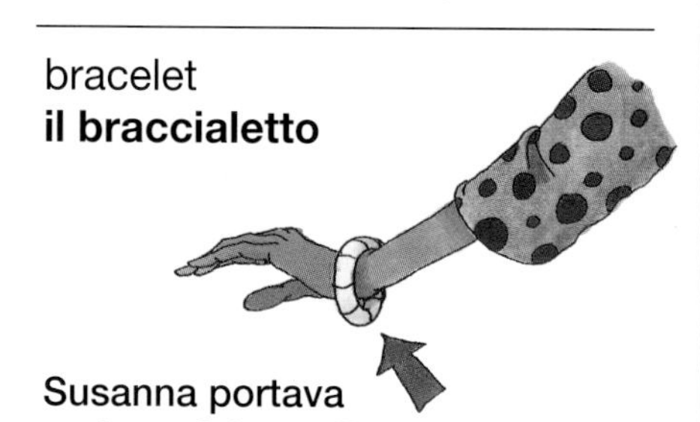

Susanna portava un braccialetto d'oro.

Susan wore a gold bracelet.

---

braid
la treccia

Elena ama le sue trecce.

Helen loves her braids.

---

branch
il ramo

Si è staccato un ramo pesante dall'albero.

A heavy branch broke off the tree.

---

bread
il pane

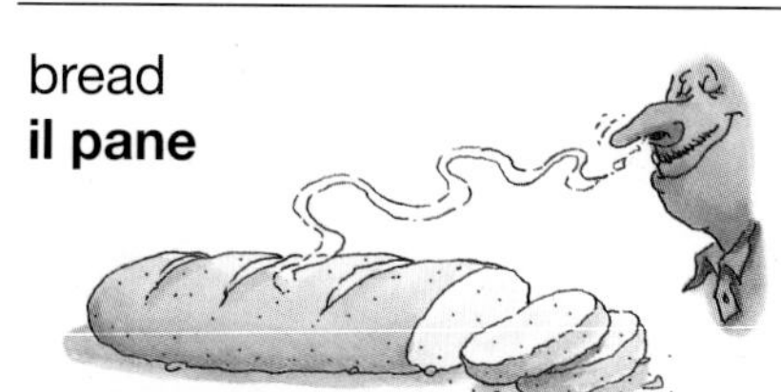

Il pane caldo ha un ottimo profumo.

Warm bread smells very good.

---

break*
rompere

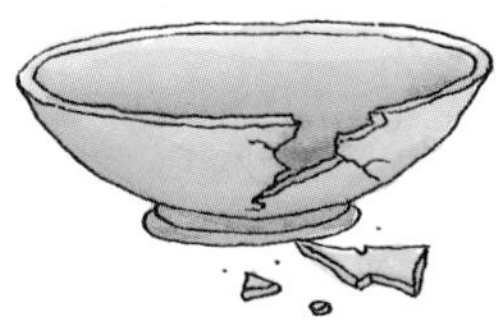

Hai rotto la scodella di vetro?

Did you break the glass bowl?

---

breakfast
la colazione

Facciamo colazione ogni mattina.

We eat breakfast every morning.

---

breath
il fiato

D'inverno vedo il mio fiato.

I can see my breath in the winter.

---

breathe
respirare

Guglielmo respira forte quando corre.

William breathes fast when he runs.

---

brick
il mattone

La casa ha un caminetto di mattoni.

The house has a brick fireplace.

---

bridge
il ponte

Un grande ponte attraversa il fiume.

A large bridge goes over the river.

---

broccoli
i broccoli

Ecco dei broccoli per la minestra.

Here is some broccoli for the soup.

---

broom
la scopa

Stefano ha spazzato il pavimento con una scopa.

Steven swept the floor with a broom.

---

brother
il fratello

Il mio fratellino gioca con me.

My little brother plays with me.

---

brown
marrone

La cagna di Maria ha avuto cinque cuccioli marroni.

Mary's dog had five brown puppies.

---

brush
spazzolare
Susanna si sta spazzolando i capelli.

Susan is brushing her hair.

brush
la spazzola
Susanna si serve della spazzola per i capelli.

Susan is using her hair brush.

bubble
la bolla di sapone

La vasca è piena di bolle di sapone.
The bathtub is full of bubbles.

bucket
il secchio

Il nonno ha rovesciato un secchio d'acqua.
Grandpa spilled a bucket of water.

buckle
la fibbia

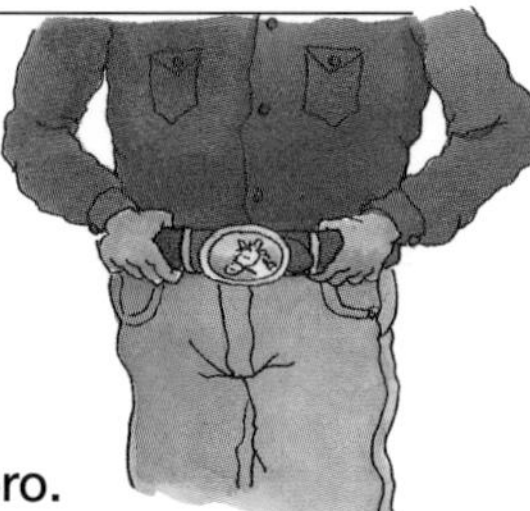

La cintura ha una fibbia d'oro.
The belt has a gold buckle.

buffalo
il bufalo

I bufali sono grandi e forti.
Buffalo are big and strong.

build*
costruire

Papà ci costruirà una casa su un albero.
Dad will build us a tree house.

building
l'edificio (m.)

L'edificio vicino alla chiesa è una scuola.
The building near the church is a school.

bull
il toro

Il toro era nel prato.
The bull stood in the pasture.

bulletin board
la bacheca

In bacheca sono appese delle foto.
Pictures hang on the bulletin board.

bun
il panino

La mamma compra dei panini dal panettiere.
Mom buys buns at the bakery.

burn*
essere acceso

Ci sono cinque candele accese.
Five candles are burning.

bus
l'autobus (m.)

Un autobus ha portato la mia classe al museo.
A bus took my class to the museum.

bush
il cespuglio

Il cespuglio ha delle nuove foglie verdi.
The bush has new green leaves.

busy
occupato

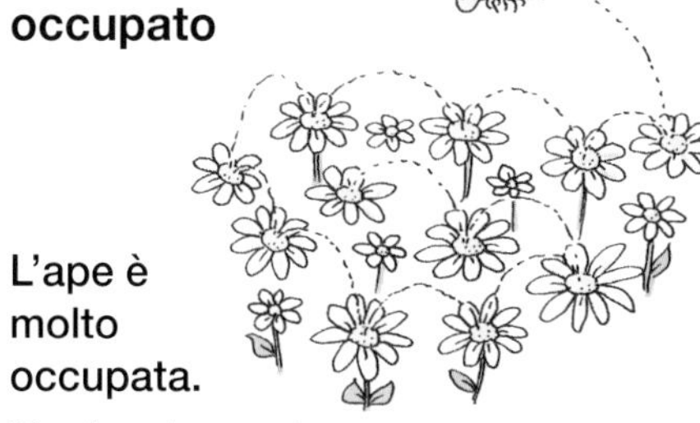

L'ape è molto occupata.
The bee is very busy.

butter
il burro

Il burro è buono sul pane.
Butter is good on bread.

butterfly
la farfalla

Una farfalla ha volato sopra le nostre teste.
A butterfly flew over our heads.

button
il bottone

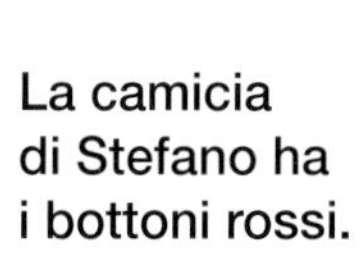

La camicia di Stefano ha i bottoni rossi.
Steven's shirt has red buttons.

buy*
comprare

Ho comprato un palloncino allo zoo.
I bought a balloon at the zoo.

by
vicino a

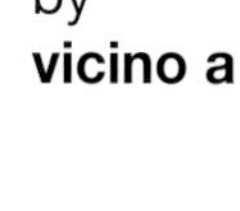

Il nostro cane è seduto vicino al cancello.
Our dog sits by the gate.

CcCcCcCc

cabbage
il cavolo

Ai conigli piace il cavolo.
Rabbits love cabbage.

cage
la gabbia

Il pappagallo è felice in gabbia?
Is the parrot happy in its cage?

cake
la torta

Abbiamo mangiato una torta al cioccolato.
We ate chocolate cake.

calculator
la calcolatrice

Addiziona i numeri con la calcolatrice.
Add the numbers on the calculator.

calendar
il calendario

Il calendario ci dice la data.
The calendar tells us the date.

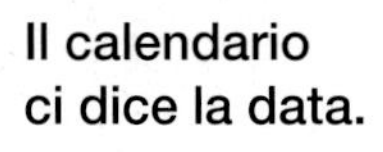

calf*
il vitello

Il piccolo della mucca si chiama vitello.
A baby cow is called a calf.

call
chiamare
Susanna ha chiamato Stefano.
Susan called Steven.

call
la chiamata
Questa chiamata (telefonica) è per Stefano.
This telephone call is for Steven.

camel
il cammello

I cammelli si trovano nel deserto.
Camels are found in the desert.

camp
il campeggio

Al campeggio accendiamo il fuoco ogni sera.
At camp we have a fire each night.

can
il barattolo

Comprerò un barattolo di pesche.
I will buy a can of peaches.

canal
il canale

Una barchetta ha attraversato il canale.
A small boat went through the canal.

candle
la candela

La mamma sta accendendo la candela con un fiammifero.
Mother is lighting the candle with a match.

candy
la caramella

I bambini hanno mangiato troppe caramelle.
The children ate too much candy.

cane
il bastone

Il mio nonno cammina col bastone.
My grandpa walks with a cane.

canoe
la canoa

Siamo andati a fare un giro in canoa.
We went for a canoe ride.

cap
il berretto

Roberto porta sempre un berretto da baseball.
Robert always wears his baseball cap.

car
la macchina

Questa macchina blu ha pneumatici nuovi.

This blue car has new tires.

---

cardinal
il cardinale

C'è un cardinale fuori dalla mia finestra.

There is a cardinal outside my window.

---

cards
le carte

Giocheremo a carte dopo cena.

We will play cards after dinner.

---

careful
attento

Il cuoco sta molto attento!

The cook is being very careful!

---

carpenter
il carpentiere

Il carpentiere ha riparato il tetto.

The carpenter fixed the roof.

---

carpet
il tappeto

Elena ha un tappeto nuovo nella sua camera.

Helen has a new carpet in her bedroom.

---

carrot
la carota

Il cuoco ha affettato le carote.

The cook cut up carrots.

---

carry
portare

Roberto sta portando della legna.

Robert is carrying wood.

---

cart
il carro

Il cavallo tirava un carro di fieno.

The horse pulled a hay cart.

---

cartoon
i fumetti

Susanna rideva guardando i fumetti.

Susan laughed at the cartoon.

---

carve
incidere

Elena ha inciso un'anatra sulla saponetta.

Helen carved a duck from the soap.

---

cashier
il cassiere
la cassiera

Abbiamo dato i soldi per i biglietti alla cassiera.

We gave the cashier our money for the tickets.

---

cast
l'ingessatura (f.)

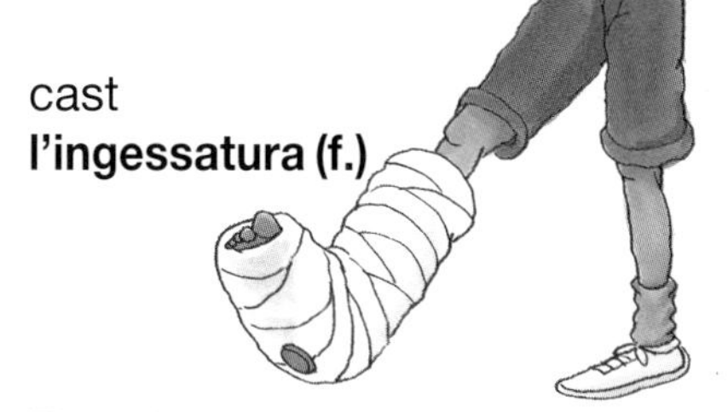

Elena ha un'ingessatura sulla gamba rotta.

Helen has a cast on her broken leg.

---

castle
il castello

La fata ha un bel castello.

The fairy has a beautiful castle.

---

cat
il gatto

Il gatto di Stefano dorme con lui.

Steven's cat sleeps with him.

---

catch*
acchiappare

Acchiappa la palla da baseball se ci riesci!

Catch the baseball if you can!

---

caterpillar
il bruco

Presto questo bruco sarà una farfalla.

Soon this caterpillar will be a butterfly.

---

cave
la grotta

La grotta è piena di pipistrelli.

The cave is full of bats.

ceiling
il soffitto

Il soffitto della cucina è dipinto di giallo.

The kitchen ceiling is painted yellow.

celery
il sedano

Elena ha aggiunto del sedano all'insalata.

Helen added celery to the salad.

cereal
i cereali

Metto latte e zucchero sui cereali.

I put milk and sugar on my cereal.

chair
la sedia

Il nonno era seduto su una sedia e ci leggeva qualcosa.

Grandfather sat on a chair and read to us.

chalk
il gesso

Stefano sta disegnando con il gesso.

Steven is drawing pictures with chalk.

chalkboard
la lavagna

L'insegnante ha scritto sulla lavagna.

The teacher wrote on the chalkboard.

change
cambiare

Le foglie cambiano colore in autunno.

Leaves change color in the fall.

change
gli spiccioli

Tommaso ha degli spiccioli in tasca.

Thomas has change in his pocket.

check
l'assegno (m.)

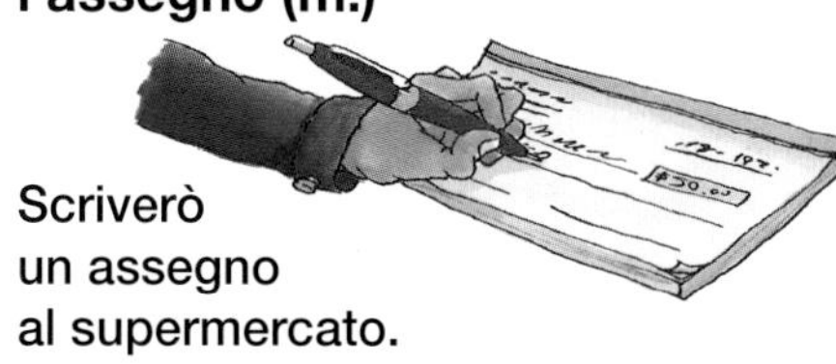

Scriverò un assegno al supermercato.

I will write a check at the grocery store.

checkers
la dama

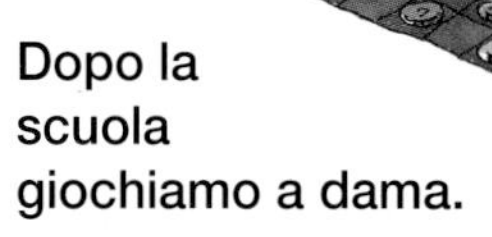

Dopo la scuola giochiamo a dama.

We play checkers after school.

cheek
la guancia

Il vento freddo mi fa arrossire le guance.

The cold wind makes my cheeks red.

cheese
il formaggio

Il topo sta cercando il formaggio.

The mouse is looking for cheese.

cherry
la ciliegia

A Susanna piace la torta di ciliegie.

Susan loves cherry pie.

chest
il petto

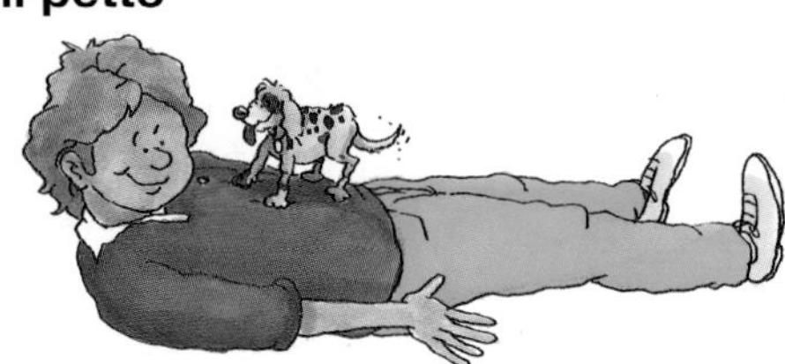

Il cucciolo era sul petto di Tommaso.

The puppy stood on Thomas's chest.

chick
il pulcino

Il pulcino è morbido e giallo.

The baby chick is soft and yellow.

chicken
il pollo

Questi polli stanno mangiando del granoturco.

These chickens are eating corn.

child*
il bambino
Il bambino era seduto per terra.

A small child sat on the ground.

children*
i bambini
Due bambini erano seduti sulla panchina.

Two children sat on the bench.

chimney
il camino

Il fumo usciva dal camino.
Smoke came out of the chimney.

chin
il mento

Elena ha il cioccolato sul mento.
Helen has chocolate on her chin.

chipmunk
il tamia

I tamia hanno la coda a strisce.
Chipmunks have striped tails.

chocolate
il cioccolato

Il panettiere vende i biscotti al cioccolato.
The bakery sells chocolate cookies.

church
la chiesa

Vado in chiesa con mia nonna.
I go to church with my grandma.

circle
il cerchio

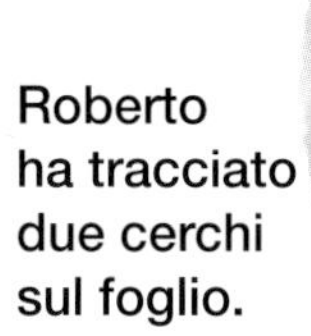

Roberto ha tracciato due cerchi sul foglio.
Robert drew two circles on his paper.

circus
il circo

Il circo ha tre acrobati.
The circus has three acrobats.

city
la città

La città ha dieci nuovi edifici.
The city has ten new buildings.

clap
battere le mani

Il bambino batterà le mani con te.
The baby will clap hands with you.

clarinet
il clarinetto

Maria suona il clarinetto nella banda.
Mary plays the clarinet in the band.

class
la classe

Ho una foto della mia classe a scuola.
I have a picture of my class at school.

classroom
l'aula (f.)

La nostra aula ha molti banchi.
Our classroom has many desks.

claw
l'artiglio (m.)

La tigre ha gli artigli affilati.
A tiger has sharp claws.

clay
la creta

Stefano ha fatto un coniglio di creta.
Steven made a clay rabbit.

clean
pulire
Papà pulisce le finestre con degli stracci.
Dad cleans the windows with rags.

clean
pulito
La finestra è molto pulita.
The window is very clean.

clear
trasparente

Il vetro è trasparente.
Glass is clear.

climb
salire

Maria sta salendo la scala a pioli.
Mary is climbing the ladder.

clock
l'orologio (m.)

L'orologio è vicino alla libreria.
The clock is near the bookcase.

---

close
chiudere

Roberto ha chiuso la porta quando è uscito.
Robert closed the door when he went out.

---

close
vicino

La mela è vicina all'arancia.
The apple is close to the orange.

---

closet
l'armadio (m.)

Il mio armadio è pieno di giocattoli.
My closet is full of toys.

---

cloth
la stoffa

La zia Alice ha comprato della stoffa per fare un vestito.
Aunt Alice bought cloth to make a dress.

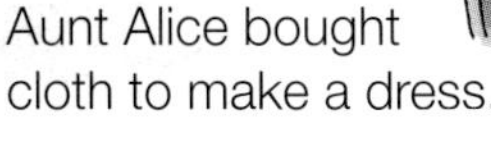

clothes
i vestiti

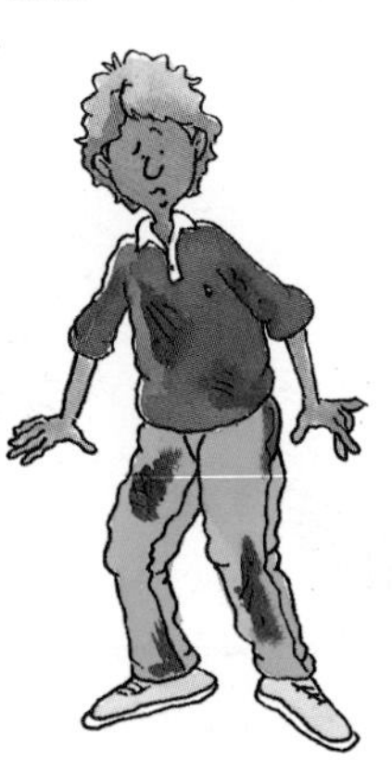

Il vestito di Tommaso sono molto sporchi.
Thomas's clothes are very dirty.

clothing
i vestiti

Il vestito del bambino è blu.
The baby's clothing is blue.

---

cloud
la nuvola

Le nuvole coprivano il sole.
Clouds covered the sun.

---

clown
il pagliaccio

Il pagliaccio ha dato un fiore a Roberto.
A clown gave Robert a flower.

---

coat
il cappotto

Quando nevica metto il cappotto pesante.
I wear my heavy coat when it snows.

---

cobweb
la ragnatela

Il mio babbo ha spazzato via le ragnatele.
My dad brushed away the cobwebs.

---

coffee
il caffè

La nonna beve caffè per colazione.
Grandma drinks coffee for breakfast.

coin
la moneta

Elena ha trovato in tasca due monete.
Helen found two coins in her pocket.

---

cold
freddo

Fa troppo freddo per giocare fuori.
It is too cold to play outside.

---

collar
il collare

Il cane portava un collare di cuoio.
The dog wore a leather collar.

---

color
il colore

Di che colore è la palla?
What color is the ball?

---

colt
il puledro

Il puledro corre con sua madre.
The colt runs with its mother.

---

comb
il pettine

Tommaso tiene il pettine sul comò.
Thomas keeps his comb on his dresser.

come*
venire

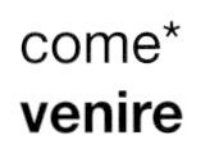

Vieni in casa.
Come into the house.

comet
la cometa

Elena ha visto una cometa nel cielo.
Helen saw a comet in the sky.

comfortable
comodo

Questo divano è molto comodo!
This couch is so very comfortable!

compass
la bussola

Papà ha guardato la bussola.
Dad looked at his compass.

completely
completamente

Il mio piatto è completamente pulito!
My plate is completely clean!

computer
il computer

Guglielmo sta facendo dei giochi al computer.
William is playing games on his computer.

cone
il cono

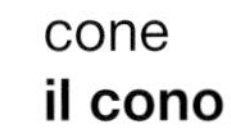

Abbiamo mangiato dei coni di gelato.
We ate ice cream cones.

contain
contenere

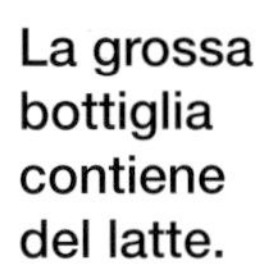

La grossa bottiglia contiene del latte.
The large bottle contains milk.

conversation
la conversazione

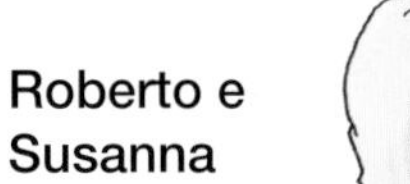

Roberto e Susanna stanno facendo una conversazione.
Robert and Susan are having a conversation.

cook
cucinare
Il cuoco sta cucinando delle verdure in una pentola.
The cook is cooking vegetables in a pot.

cook
il cuoco
Il cuoco indossa un grembiule bianco.
The cook is wearing a white apron.

cookie
il biscotto

La mamma sta cuocendo dei grossi biscotti al cioccolato.
Mom is baking large chocolate cookies.

cool
fresco
La limonata fresca è buona d'estate.
Cool lemonade is good in the summer.

corn
il granoturco

In questo campo cresce il granoturco.
Corn is growing in this field.

corner
l'angolo (m.)

Guglielmo aspetta l'autobus all'angolo.
William waits at the corner for the bus.

costume
il costume
Maria indossava un costume nuovo.
Mary wore a new costume.

cotton
il cotone

Il cotone usato per i nostri abiti deriva dalle piante.
Cotton for our clothes comes from plants.

cotton candy
lo zucchero filato

Abbiamo mangiato dello zucchero filato rosa al circo.
We ate pink cotton candy at the circus.

couch
il divano

Papà sta dormendo sul divano.
Dad is sleeping on the couch.

---

cough
tossire
Per favore copriti la bocca quando tossisci!
Please cover your mouth when you cough!

---

cousin
il cugino
la cugina

I miei cugini sono figli di mia zia.
My cousins are my aunt's children.

---

cover
coprire

Il nonno copre le piante durante le notti fredde.
Grandpa covers the plants on cold nights.

---

covers
le coperte

Elena sta sotto le coperte.
Helen is under the covers.

---

cow
la mucca

Di notte le mucche dormono nella stalla.
The cows sleep in the barn at night.

---

cowboy
il cowboy
Il cowboy ha messo la sella sul cavallo.
The cowboy put the saddle on the horse.

---

coyote
il lupo di prateria

I lupi di prateria vivono sulle montagne.
Coyotes live in the mountains.

---

cracker
il cracker

Maria mette dei cracker nella minestra.
Mary adds crackers to her soup.

---

crane
la gru

Una gru ha sollerato la macchina.
A crane lifted the car.

---

crane
la gru

Questa gru sta nell'acqua.
This crane is standing in the water.

---

crate
la cassa

Che cosa c'è nella cassa?
What is in the crate?

---

crayon
il pastello

Tommaso ha fatto un disegno con i pastelli.
Thomas drew a picture with crayons.

---

cream
la panna

Mio papà mette la panna nel caffè.
My dad puts cream in his coffee.

---

crocodile
il coccodrillo

Abbiamo fatto la foto a un coccodrillo.
We took a picture of a crocodile.

---

crop
il raccolto

Il raccolto di pomodori è cresciuto in fretta.
The crop of tomatoes grew fast.

---

crosswalk
il passaggio pedonale

Il passaggio pedonale è dipinto con strisce bianche.
The crosswalk is painted with white stripes.

---

crowd
la folla

C'era una grande folla al circo.
A big crowd was at the circus.

crown
la corona

La corona della regina ha dei gioielli.

The queen's crown has jewels on it.

---

crush
schiacciare

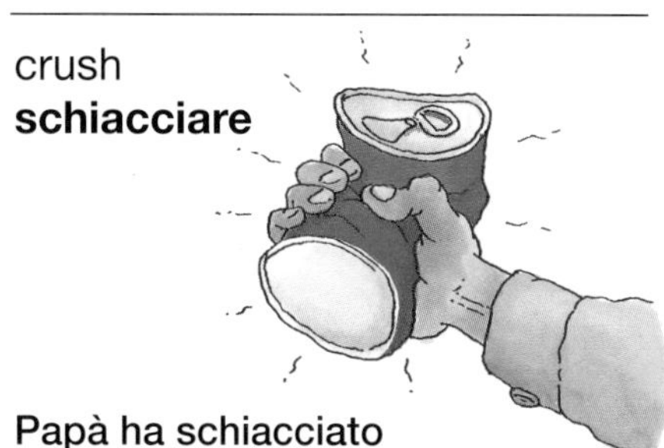

Papà ha schiacciato il barattolo con la mano.

Dad crushed the can with his hand.

---

crust
la crosta

La crosta è la parte migliore della torta.

The crust is the best part of a pie.

---

crutch
la stampella

Guglielmo cammina con una stampella.

William walks with a crutch.

---

cry
piangere

La bambina piange se il biberon è vuoto.

The baby will cry if her bottle is empty.

---

cube
il cubo

Un cubo ha sei facce.

A cube has six sides.

---

cucumber
il cetriolo

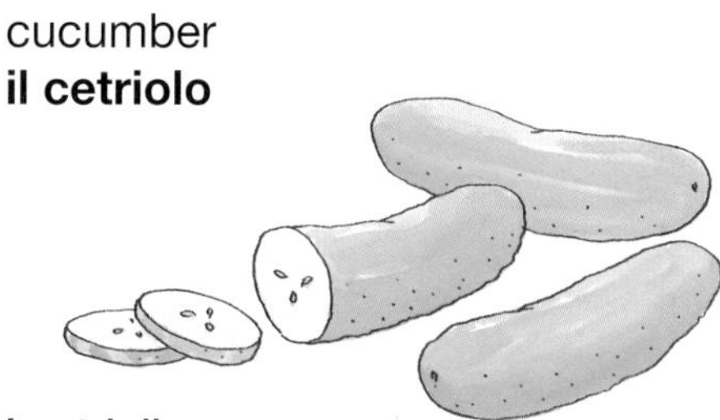

I cetrioli sono una verdura estiva.

Cucumbers are a summer vegetable.

---

cup
la tazza

Il nonno prende una tazza di tè dopo cena.

Grandpa has a cup of tea after dinner.

---

cupboard
la credenza

I piatti si tengono nella credenza.

Dishes are kept in the cupboard.

---

curb
il bordo

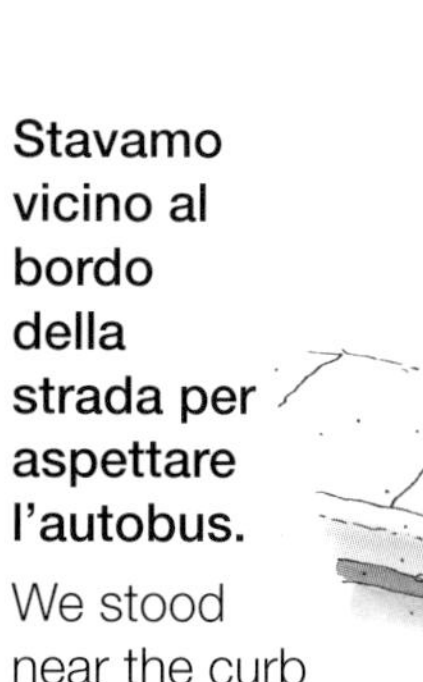

Stavamo vicino al bordo della strada per aspettare l'autobus.

We stood near the curb to wait for the bus.

---

curly
riccio

Guglielmo ha i capelli neri e ricci.

William has curly black hair.

---

curtain
la tenda

Le tende svolazzavano.

The curtains blew in the wind.

---

curve
la curva

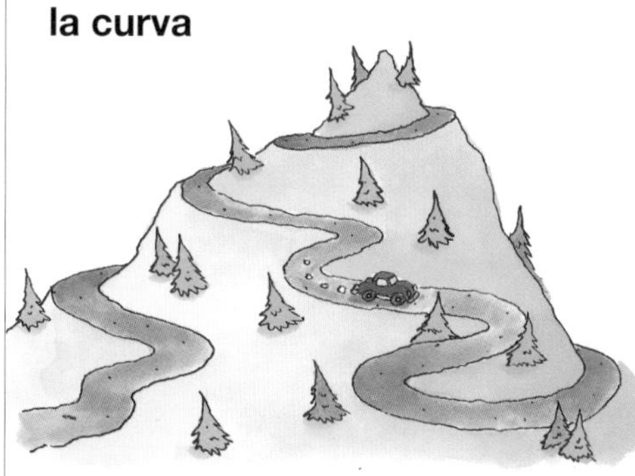

La strada di montagna ha molte curve.

The mountain road has many curves.

---

cut*
tagliare

Roberto ha tagliato la mela con un coltello affilato.

Robert cut the apple with a sharp knife.

---

cute
carino

Tutti i bambini sono carini.

All babies are cute.

---

cymbal
il piatto

Ti piacerebbe suonare i piatti?

Would you like to play the cymbals?

DdDdDdDd

dad
il papà

Io chiamo mio padre *papà*.
I call my father *dad*.

daisy
la margherita

C'è un vaso di margherite sul nostro tavolo.
A vase of daisies is sitting on our table.

dance
ballare
Maria e Guglielmo ballano.
Mary and William are dancing.

dance
il ballo
Maria è andata al ballo con Guglielmo.
Mary went to the dance with William.

dancer
lo ballerino
la ballerina

La ballerina indossava delle scarpe rosse.
The dancer wore red shoes.

dandelion
il dente di leone

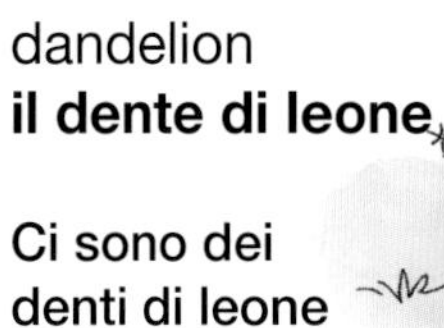

Ci sono dei denti di leone nel nostro cortile.
There are dandelions in our yard.

dark
buio

E' buio fuori.
It is dark outside.

date
la data

Guarda sul calendario per trovare la data.
Look at the calendar to find the date.

daughter
la figlia

Questa donna ha due figlie.
This woman has two daughters.

day
il giorno

E' arrivato il giorno!
This is the day!

deck
la prua

La prua della barca a vela è dipinta di bianco.
The deck of the sailboat is painted white.

deep
profondo

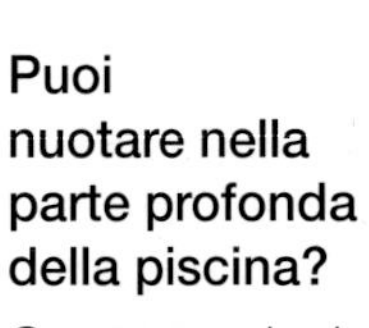

Puoi nuotare nella parte profonda della piscina?
Can you swim in the deep end of the pool?

deer*
il cervo

Ci sono dei cervi nella foresta?
Are there deer in the forest?

delicious
delizioso

Le albicocche sono deliziose!
Apricots are delicious!

dent
l'ammaccatura (f.)

C'è un'ammaccatura in questa padella.
There is a dent in this pan.

dentist
il dentista
la dentista

Il dentista mi ha dato un nuovo spazzolino.
The dentist gave me a new toothbrush.

desert
il deserto

Il deserto è molto asciutto.
In the desert it is very dry.

desk
la cattedra

L'insegnante è seduta in cattedra.
The teacher sits at the desk.

dessert
il dessert

Mangiamo il gelato come dessert.
We are having ice cream for dessert.

dice*
i dadi

Lancia
i dadi per giocare a questo gioco.
Throw the dice to play this game.

dictionary
il dizionario

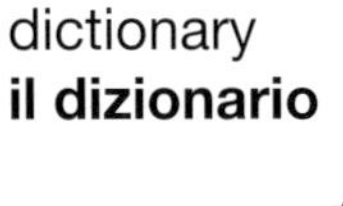

Quante illustrazioni ci sono nel tuo dizionario?
How many pictures are in your dictionary?

difficult
difficile

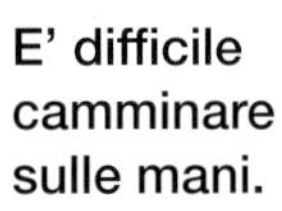

E' difficile camminare sulle mani.
It is difficult to walk on your hands.

dig*
scavare

Tommaso scava nella sabbia per trovare il tesoro.
Thomas digs in the sand for treasure.

dim
fioco

La luce della candela era troppo fioca.
The light from the candle was too dim.

dining room
la sala da pranzo

La nostra sala da pranzo ha un tavolo e sei sedie.
Our dining room has a table and six chairs.

dinner
la cena

Abbiamo mangiato cena al ristorante.
We ate dinner at a restaurant.

dinosaur
il dinosauro

Al museo
abbiamo visto dei dinosauri.
We saw dinosaurs at the museum.

dirt
l'immondizia (f.)

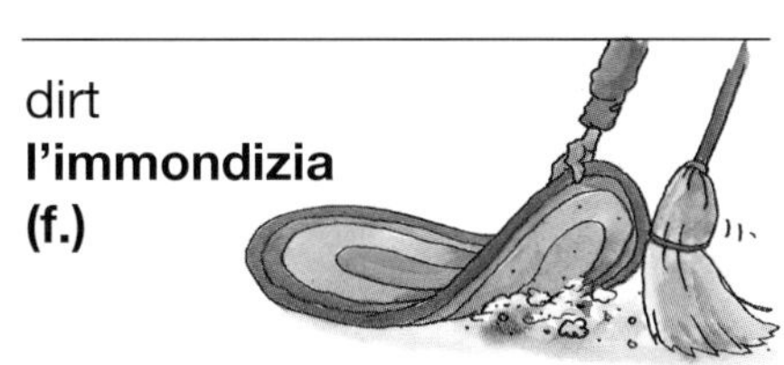

Non scopare
l'immondizia sotto il tappeto.
Do not sweep dirt under the rug.

dirty
sporco

Per favore, pulisci le scarpe, sono sporche!
Please clean your dirty shoes!

dish
il piatto

Il mio papà ha lavato i piatti.
My dad washed the dishes.

dive*
tuffarsi

Susanna si è tuffata nella piscina.
Susan dived into the pool.

divide
separare

Uno steccato separa il nostro cortile dal vostro.
A fence divides our yard from your yard.

do*
fare

Che cosa sta facendo?
What is she doing?

dock
il molo

I passeggeri aspettavano sul molo.
The passengers waited on the dock.

doctor
il dottore

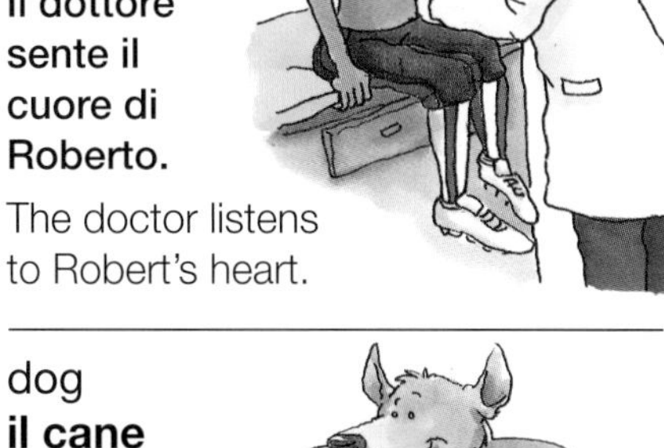

Il dottore sente il cuore di Roberto.
The doctor listens to Robert's heart.

dog
il cane

Come si chiama il mio cane?
What is my dog's name?

doll
la bambola

Maria ha una bambola dai capelli ricci.
Mary has a doll with curly hair.

dollar
il dollaro

Ho messo un dollaro in banca.
I put a dollar in the bank.

dollhouse
la casa delle bambole

La casa delle bambole ha porte e finestre piccole.
The dollhouse has small doors and windows.

dolphin
il delfino

I delfini nuotano negli oceani.
Dolphins swim in the oceans.

donkey
l'asino (m.)

Roberto è andato in montagna su un asino.
Robert rode a donkey up the mountain.

door
la porta

Il nonno ha aperto la porta e ha guardato fuori.
Grandpa opened the door and looked outside.

doorbell
il campanello

Maria ha suonato il campanello.
Mary rang the doorbell.

doorman*
il portinaio

Il portinaio aspetta vicino alla porta.
The doorman waits near the door.

dough
la pasta

Roberto ha preparato la pasta per il pane.
Robert made dough for the bread.

down
giù

Roberto ha sciato giù per la montagna.
Robert skied down the hill.

dozen
la dozzina

C'è una dozzina di uova in una scatola.
There are a dozen eggs in a box.

dragon
il drago

Il drago vive in una grotta.
The dragon lives in a cave.

draw*
disegnare

Susanna ha disegnato un'immagine di suo fratello.
Susan drew a picture of her brother.

drawer
il cassetto

Il cassetto è pieno di carta e matite.
The drawer is full of paper and pencils.

dream*
sognare
Maria ha sognato di essere in un palazzo.
Mary dreamed she was in a palace.

dream
il sogno

Il sogno di Maria l'ha resa felice.
Mary's dream made her happy.

dress
vestirsi
Elena si sta vestendo per una festa.
Helen is dressing for a party.

dress
il vestito
Il vestito di Elena è rosa.
Helen's dress is pink.

dresser
il comò

Il mio comò ha cinque cassetti.

My dresser has five drawers.

drink*
bere
Voglio bere del latte.

I want to drink some milk.

drink
la bevanda
Per favore, dammi una bevanda.

Please give me a drink.

drip
gocciolare

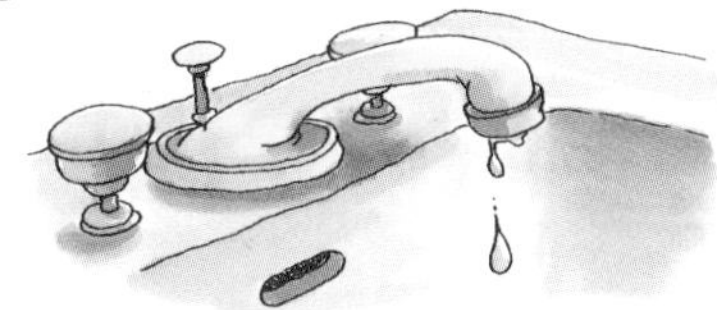

Dal rubinetto gocciola acqua fredda.

Cold water drips from the faucet.

drive*
guidare

Chi guida la macchina?

Who is driving the car?

driveway
il viale d'accesso

Il taxi aspettava nel viale d'accesso.

The taxi waited in the driveway.

drop
lasciare cadere

Elena ha lasciato cadere i libri.

Helen dropped her books.

drugstore
la farmacia

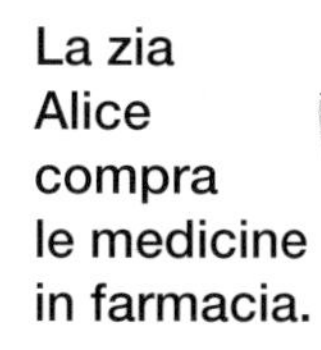

La zia Alice compra le medicine in farmacia.

Aunt Alice buys medicine at the drugstore.

drums
la batteria

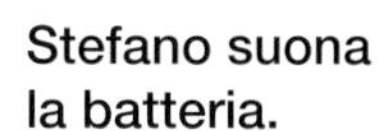

Stefano suona la batteria.

Steven plays the drums.

dry
asciutto

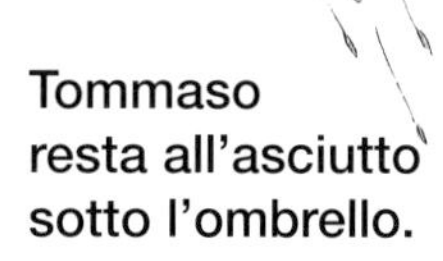

Tommaso resta all'asciutto sotto l'ombrello.

Thomas is dry under the umbrella.

duck
l'anatra (f.)

La mia anatra ha le piume morbide e bianche.

My pet duck has soft, white feathers.

duckling
l'anatroccolo (m.)

Gli anatroccoli correvano dietro la loro mamma.

The ducklings ran behind their mother.

dull
noioso

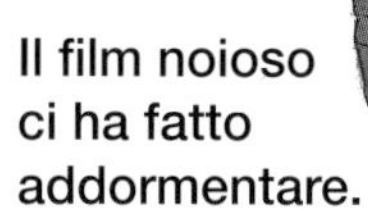

Il film noioso ci ha fatto addormentare.

The dull movie put us to sleep.

dust
la polvere

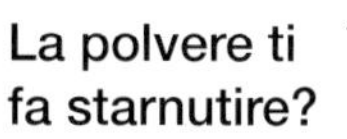

La polvere ti fa starnutire?

Does dust make you sneeze?

dustpan
la paletta

La scopa e la paletta sono nel ripostiglio.

The broom and dustpan are in the closet.

E e *E e* E e *E e*

each
ogni

Ogni fiore è giallo.

Each flower is yellow.

eagle
l'aquila (f.)

L'aquila vola al suo nido.

The eagle flies to its nest.

ear
l'orecchio (m.)

Elena si è lavata dietro le orecchie.
Helen washed behind her ears.

early
presto

Guglielmo è arrivato presto a scuola.
William came to school early.

earmuffs
il paraorecchie

Quando c'era la tempesta di neve, Roberto portava il paraorecchie.
Robert wore earmuffs in the snowstorm.

earring
l'orecchino (m.)

Mia madre porta dei lunghi orecchini d'argento.
My mother wears long, silver earrings.

Earth
la Terra

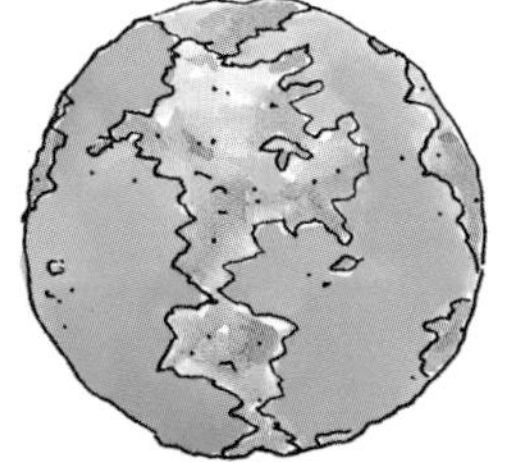

Viviamo sul pianeta Terra.
We live on the planet Earth.

easel
il cavalletto

Il quadro di Guglielmo era sul cavalletto.
William's picture sat on the easel.

easy
facile

E' facile galleggiare supino!
Floating on my back is easy!

eat*
mangiare

Dovremmo mangiare frutta e verdura.
We should eat fruits and vegetables.

egg
l'uovo (m.)

La nonna cuocerà due uova.
Grandma will cook two eggs.

elbow
il gomito

Maria ha battuto il gomito sul tavolo.
Mary hit her elbow on the table.

electricity
la corrente elettrica

Questa lampadina usa corrente elettrica.
This lamp is using electricity.

elephant
l'elefante (m.)

Un elefante ha partecipato alla sfilata del circo.
An elephant walked in the circus parade.

elevator
l'ascensore (m.)

L'ascensore ci ha portato in cima all'edificio.
The elevator carried us to the top of the building.

empty
vuoto

Una bottiglia è vuota.
One bottle is empty.

end
la fine

Dov'è la fine della corda?
Where is the end of the rope?

engine
il motore

Il meccanico ha riparato il motore della macchina.
The mechanic fixed the car's engine.

entrance
l'entrata (f.)

Questo cancello è l'entrata del nostro cortile.
This gate is the entrance to our yard.

envelope
la busta

Lecca la busta per chiuderla.
Lick the envelope to close it.

---

equator
l'equatore (m.)

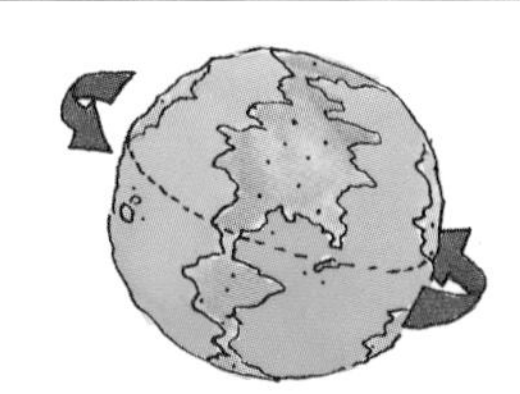

L'equatore circonda la Terra.
The equator goes around the Earth.

---

erase
cancellare

Elena sta cancellando la lavagna.
Helen is erasing the blackboard.

---

eraser
la gomma

Stefano ha comprato delle matite con gomme grosse.
Steven bought pencils with large erasers.

---

evening
la sera

Il sole tramonta di sera.
The sun goes down in the evening.

---

every
ogni

Ogni bambino sorrideva.
Every child smiled.

---

exam
l'esame (m.)

Maria sta facendo un esame.
Mary is taking an exam.

---

eye
l'occhio (m.)

I miei occhi sono azzurri.
My eyes are blue.

---

eyebrow
le sopracciglia

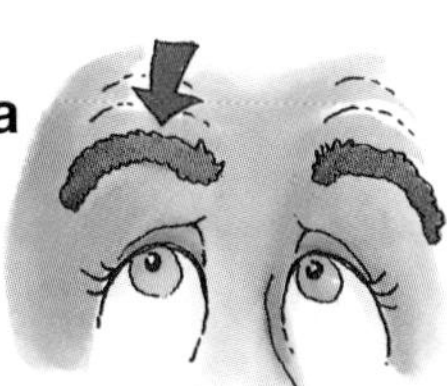

Le sopracciglia sono sopra gli occhi.
Our eyebrows are above our eyes.

F f *F f* F f *F f*

---

face
il viso

Ha un viso felice!
He has a happy face!

---

factory
la fabbrica

Questa fabbrica produce macchine.
This factory makes cars.

---

fairy
la fata

La fata ha dato dei gioielli alla regina.
The fairy gave the queen some jewels.

---

fall*
cadere

Giacomino cade.
Jimmy falls down.

---

fall
l'autunno (m.)

D'autunno la mia famiglia rastrella le foglie.
My family rakes leaves in the fall.

---

family
la famiglia

Questa è una foto della mia famiglia.
This is a picture of my family.

---

fan
il ventilatore

Elena si siede vicino al ventilatore quando ha caldo.
Helen sits near the fan when she is hot.

---

far
lontano

Il sole è lontano dalla Terra.
The sun is far from the Earth.

farm
la fattoria

I polli, le mucche, e i maiali vivono nella fattoria.
Chickens, cows, and pigs live on the farm.

---

farmer
il contadino

Il contadino pianta il granturco.
The farmer is planting corn.

---

fast
velocemente

Le macchine da corsa passano velocemente.
The race cars go by fast.

---

fat
grasso

Babbo Natale è grasso.
Santa Claus is fat.

---

father
il padre

Quel padre ha molti figli.
That father has many children.

---

faucet
il rubinetto

L'acqua calda e fredda vengono dal rubinetto.
Hot and cold water come from the faucet.

---

favorite
preferito

Il cioccolato è il mio preferito.
Chocolate is my favorite.

---

feather
la piuma

Gli uccelli sono coperti di piume.
Birds are covered with feathers.

---

feet*
i piedi

La sabbia scottava i piedi di Elena.
The sand was hot on Helen's feet.

---

fence
lo steccato

Guglielmo sta costruendo uno steccato intorno al giardino.
William is building a fence around the garden.

---

fern
la felce

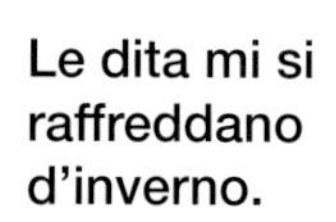

Le felci sono piante verdi.
Ferns are green plants.

---

fever
la febbre

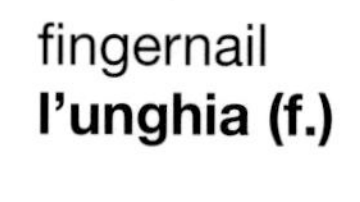

Quant'è alta la febbre di Stefano?
How high is Steven's fever?

---

field
il campo

Le mucche sono nel campo.
The cows are in the field.

---

fill
riempire

La nonna riempie i bicchieri fino all'orlo.
Grandma fills the glasses to the top.

---

fin
la pinna

I pesci nuotano con le pinne.
Fish swim with their fins.

---

find*
trovare

Troviamo il tesoro!
Let us find the treasure!

---

finger
il dito

Le dita mi si raffreddano d'inverno.
My fingers become cold in the winter.

---

fingernail
l'unghia (f.)

La zia Alice si è dipinta le unghie di rosso.
Aunt Alice painted her fingernails red.

fire
il fuoco
Lo zio Edoardo ha acceso il fuoco con un fiammifero.
Uncle Edward lit the fire with a match.

fire engine
l'autopompa (f.)

L'autopompa corse verso l'incendio.
The fire engine raced to the fire.

fire fighter
il pompiere

Il pompiere indossa cappello, impermeabile, e stivali.
The fire fighter wears a hat, a raincoat, and boots.

fireplace
il caminetto
Questa casa ha un caminetto nel soggiorno.

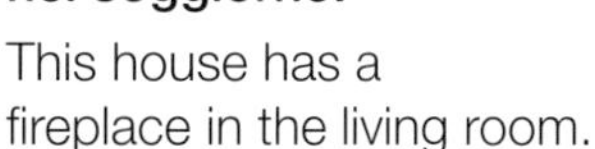

This house has a fireplace in the living room.

first
primo

Tommaso è il primo della fila.
Thomas is first in line.

fish*
il pesce

Il nonno vuole del pesce per cena.
Grandpa wants fish for dinner.

fish
pescare
Il nonno sta pescando nel lago.
Grandpa is fishing at the lake.

fisherman*
il pescatore

Il pescatore ha preso due pesci.
The fisherman caught two fish.

fix
aggiustare

Elena aggiusterà il giocattolo rotto.
Helen will fix the broken toy.

flag
la bandiera

Elena ha portato la bandiera nella sfilata.
Helen carried the flag in the parade.

flame
la fiamma
La fiamma della candela è gialla.
The candle flame is yellow.

flamingo
il fenicottero

Il fenicottero ha le zampe lunghe.
A flamingo has long legs.

flashlight
la pila

Maria aveva con sé una pila per vedere al buio.
Mary carried a flashlight to see in the dark.

flat
piatto

La carta è piatta.
Paper is flat.

flavor
il sapore
Che sapore di gelato ti piace?
What flavor of ice cream do you like?

float
galleggiare nell'aria
I palloncini della bambina galleggiavano nell'aria.
The little girl's balloons floated away.

floor
il pavimento

Il pavimento della camera da letto è coperto di vestiti.
The bedroom floor is covered with clothes.

florist
il fiorista
la fiorista

Il fiorista vende fiori e piante.
A florist sells flowers and plants.

flour
la farina

Il cuoco aggiunge farina alla pasta dei biscotti.
The cook adds flour to the cookie dough.

flower
il fiore

Sono arancioni questi fiori?

Are these flowers orange?

flowerbed
l'aiuola (f.)

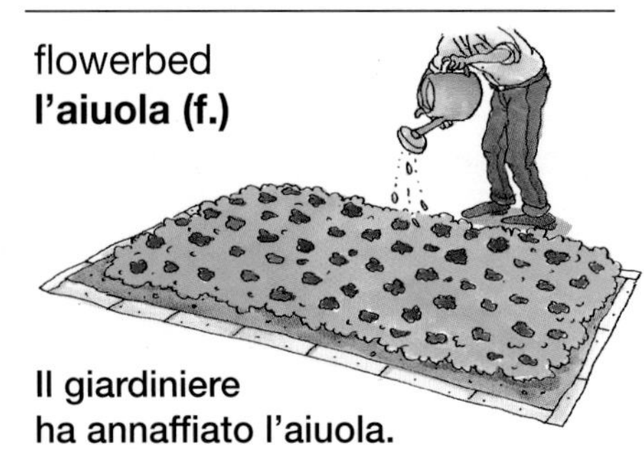

Il giardiniere ha annaffiato l'aiuola.

The gardener watered the flowerbed.

flu
l'influenza (f.)

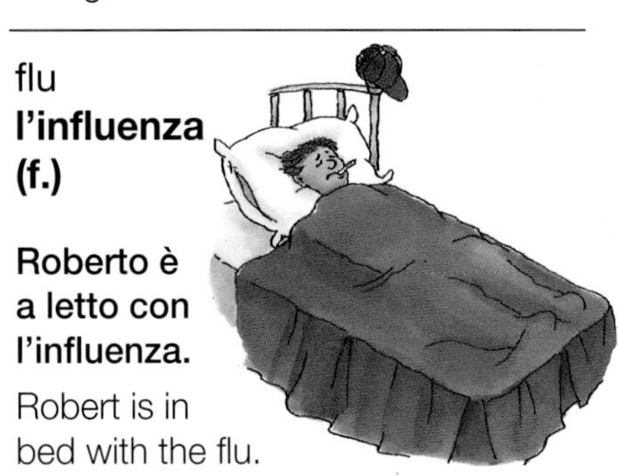

Roberto è a letto con l'influenza.

Robert is in bed with the flu.

flute
il flauto

Stefano suona il flauto nell'orchestra.

Steven plays the flute in the orchestra.

fly*
volare

L'aereo sta volando sulla città.

The airplane is flying over the town.

fly
la mosca

Una mosca vola intorno al cibo.

A fly flies around the food.

fog
la nebbia

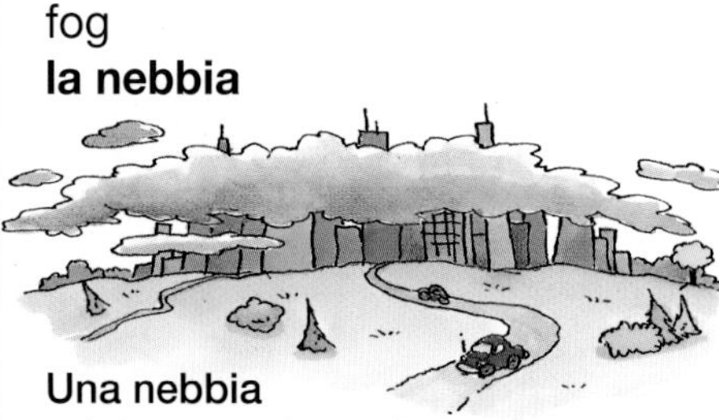

Una nebbia grigia copre la città.

Gray fog covers the city.

follow
seguire

Il gatto mi ha seguito fino a casa.

The cat followed me home.

food
il cibo

Il cibo è sul tavolo.

The food is on the table.

foolish
sciocco

E' sciocco giocare con i fiammiferi.

Playing with matches is foolish.

foot*
il piede

Il bambino giocava col piede.

The baby played with its foot.

football
il football americano

Roberto gioca a football americano.

Robert plays football.

footprint
l'orma (f.)

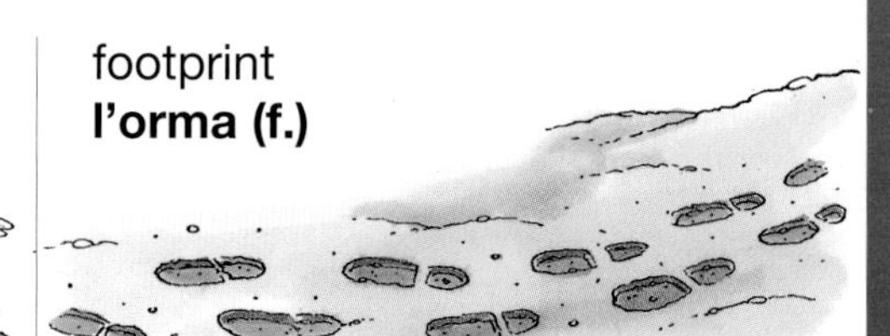

Si vedono le nostre orme nella sabbia bagnata.

Our footprints show in the wet sand.

footstool
il poggiapiedi

La bambina era seduta su un poggiapiedi.

The little girl sat on a footstool.

for
per

Mangiamo del tacchino per cena.

We are having turkey for dinner.

forehead
la fronte

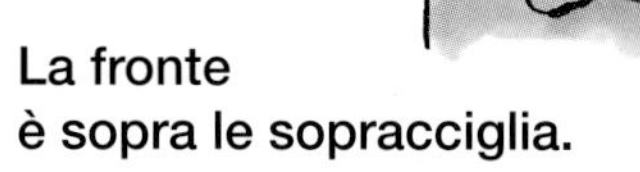

La fronte è sopra le sopracciglia.

My forehead is above my eyebrows.

forest
la foresta

La foresta è piena di alberi.

The forest is full of trees.

forget*
dimenticare

Susanna dimentica sempre gli occhiali.

Susan always forgets her glasses.

fork
la forchetta

Maria ha mangiato l'insalata con la forchetta.
Mary ate her salad with a fork.

fountain
la fontana

C'è una fontana nel parco.
There is a fountain in the park.

fox
la volpe

La volpe ha attraversato il cortile.
The fox ran through the yard.

freckles
le lentiggini

Roberto ha le lentiggini sul naso.
Robert has freckles on his nose.

freeze*
ghiacciare

L'acqua ghiaccia d'inverno.
Water freezes into ice in the winter.

freezer
il congelatore

Nel nostro congelatore c'è del gelato.
Our freezer has ice cream in it.

french fries
le patatine

Stefano ha mangiato le patatine con l'hamburger.
Steven ate french fries with his hamburger.

friend
l'amico (m.)
l'amica (f.)

Al mio amico piace giocare a palla.
My friend likes to play ball.

frog
la rana

Una rana è saltata nello stagno.
A frog jumped into the pond.

from
da

Il succo viene dalla frutta.
Juice comes from fruit.

frost
la brina

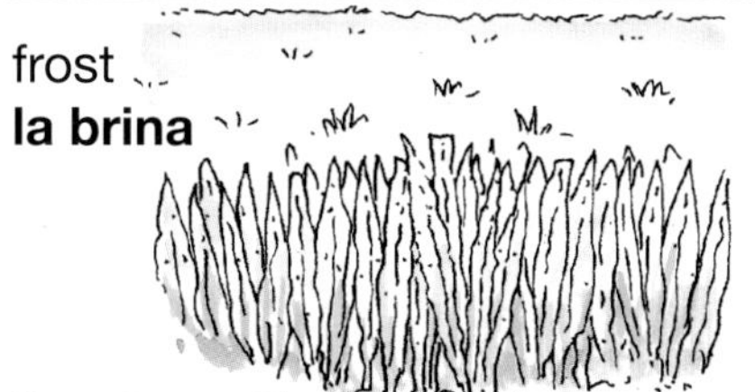

Questa mattina abbiamo visto la brina sul prato.
We saw frost on the lawn this morning.

fruit
la frutta

Elena ha mangiato della frutta per merenda.
Helen had some fruit for a snack.

full
pieno

Il piatto di Elena è pieno di cibo.
Helen's plate is full of food.

fun
lo spasso

Le feste di compleanno sono davvero uno spasso!
Birthday parties are so much fun!

funnel
l'imbuto (m.)

Papà ha messo l'olio nella macchina con un imbuto.
Dad put the oil in the car with a funnel.

fur
la pelliccia

Il lupo ha una pelliccia pesante.
The wolf has heavy fur.

furnace
la stufa

La stufa ci riscalda la casa.
The furnace makes our house warm.

furniture
i mobili

I vecchi mobili del nonno sono in soffitta.
Grandpa's old furniture is in the attic.

GgGgGgGg

game
il gioco

Maria e sua sorella fanno dei giochi dopo la scuola.
Mary and her sister play games after school.

garage
il garage

Noi teniamo la macchina in garage.
We keep our car in the garage.

garden
il giardino

Tommaso ha piantato dei fiori in giardino.
Thomas planted flowers in his garden.

gardener
il giardiniere

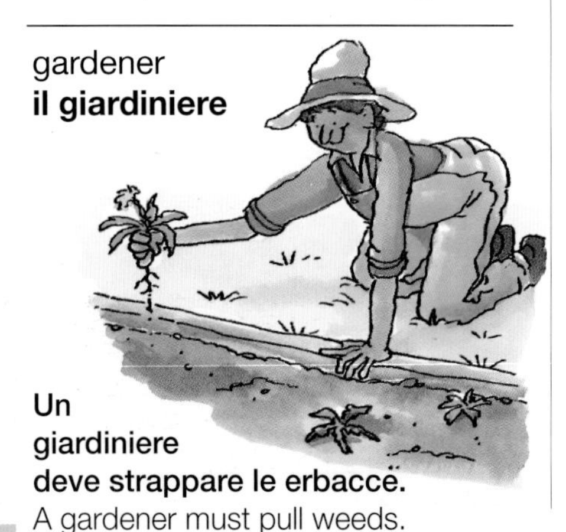

Un giardiniere deve strappare le erbacce.
A gardener must pull weeds.

garden hose
la pompa

Tommaso innaffia le piante con la pompa.
Thomas waters the plants with the garden hose.

gas
il gas

Il nostro fornello va a gas.
Our stove uses gas.

gasoline
la benzina

Il tagliaerba va a benzina.
The lawn mower runs on gasoline.

gate
la porta

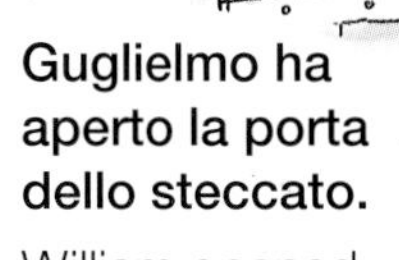

Guglielmo ha aperto la porta dello steccato.
William opened the gate in the fence.

ghost
il fantasma

Non esistono i fantasmi.
There is no such thing as a ghost.

gift
il regalo

Ho portato un regalo alla festa di compleanno.
I took a gift to the birthday party.

gills
le branchie

Le branchie aiutano i pesci a respirare nell'acqua.
Gills help fish breathe in the water.

giraffe
la giraffa

La giraffa è un animale altissimo.
The giraffe is a very tall animal.

girl
la ragazza

Mia sorella è una ragazza.
My sister is a girl.

give*
dare

Dai la scatola a tuo fratello.
Give the box to your brother.

glad
lieto

Siamo lieti che tu sia venuto per cena.
We are glad you came for dinner.

glass
il bicchiere

Il nonno ha riempito il bicchiere di latte.
Grandfather filled the glass with milk.

glass
il vetro

La finestra è fatta di vetro.
The window is made of glass.

glasses
gli occhiali

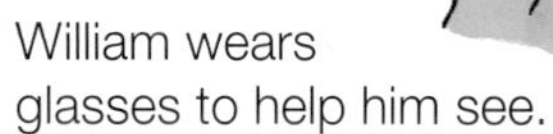

Guglielmo porta gli occhiali per vedere meglio.

William wears glasses to help him see.

---

globe
il mappamondo

C'è un mappamondo sulla cattedra.

A globe sits on the teacher's desk.

---

glove
il guanto

I guanti tengono calde le mani d'inverno.

Gloves keep our hands warm in the winter.

---

glue
incollare

Chi ha incollato la tazza?

Who glued the cup together?

glue
la colla

Chi ha rovesciato la colla sul tavolo?

Who spilled glue on the table?

---

go*
andare

Andremo a scuola.

We will go to school.

---

goat
la capra

Le capre mangiano molte cose!

Goats eat many things!

---

goggles
gli occhialini

Elena porta gli occhialini sott'acqua.

Helen wears goggles under the water.

---

gold
l'oro (m.)

L'uomo ha un orologio d'oro.

The man has a gold watch.

---

good*
buono

Il tempo è buono per giocare nel parco.

The weather is good for playing in the park.

---

goose*
l'oca (f.)

Susanna ha un'oca.

Susan has a pet goose.

---

gorilla
il gorilla

Il gorilla allo zoo mangia frutta e verdura.

The gorilla at the zoo eats fruits and vegetables.

---

gosling
l'ochetta (f.)

L'ochetta è una piccola oca.

A gosling is a baby goose.

---

grandfather
il nonno

Mio nonno è il padre di mio papà.

My grandfather is my dad's father.

---

grandmother
la nonna

Mia nonna è la madre di mio papà.

My grandmother is my dad's mother.

---

grandpa
il nonno

Il nonno mi legge un libro.

Grandpa reads a book to me.

---

grandparents
i nonni

I nonni sono i genitori dei genitori.

Grandparents are the parents of your parents.

---

grape
l'uva (f.)

L'uva è verde o viola.

Grapes are green or purple.

---

grapefruit
il pompelmo

Tommaso ha mangiato del pompelmo per pranzo.

Thomas ate grapefruit for lunch.

grass
l'erba (f.)

L'erba in cortile è troppo alta.
The grass in the yard is too tall.

grasshopper
la cavalletta

Le cavallette hanno le ali.
Grasshoppers have wings.

gravy
la salsa

Maria ha messo la salsa sulle patate.
Mary put gravy on her potatoes.

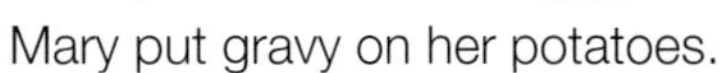

gray
grigio

Il pappagallo di Tommaso è grigio.
Thomas's parrot is gray.

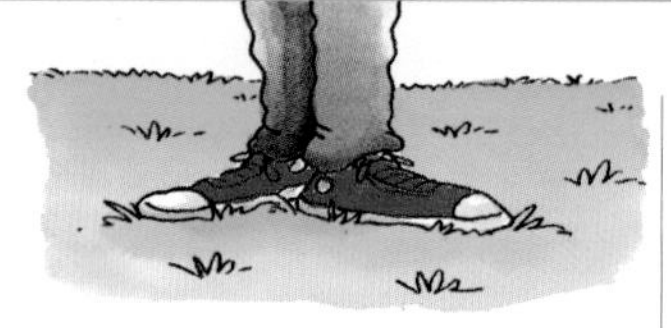

green
verde

L'erba è verde.
Grass is green.

greenhouse
la serra

Una serra è una casa di vetro per le piante.
A greenhouse is a glass house for plants.

grocery store
il negozio di generi alimentari

Il nonno ha comprato il pesce al negozio di generi alimentari.
Grandpa bought fish at the grocery store.

ground
la terra

Stefano era seduto per terra e pensava.
Steven sat on the ground and thought.

group
il gruppo

Un gruppo di bambini erano seduti in circolo.
A group of children sat in a circle.

grow*
crescere

Giacomino sta crescendo rapidamente.
Jimmy is growing fast.

guest
l'ospite (m., f.)

I nostri ospiti hanno suonato il companello.
Our guests rang the doorbell.

guitar
la chitarra

Guglielmo suona la chitarra.
William plays the guitar.

HhHhHhHh

hair
i capelli

Guglielmo si sta spazzolando i capelli.
William is brushing his hair.

half*
la metà

Maria ha mangiato metà del melone.
Mary ate half the melon.

ham
il prosciutto

Abbiamo mangiato del prosciutto per cena.
We had ham for dinner.

hamburger
l'hamburger (m.)

Ho mangiato un'hamburger per cena.
I had a hamburger for dinner.

hammer
battere col martello
Tommaso ha battuto il chiodo nel legno con un martello.
Thomas hammered the nail into the wood.

hammer
il martello
Tommaso ha battuto il chiodo con un martello.
Thomas hit the nail with a hammer.

hammock
l'amaca (f.)

Roberto dorme su un'amaca.
Robert sleeps in a hammock.

hand
la mano

Stefano si è lavato le mani.
Steven washed his hands.

handkerchief*
il fazzoletto

Tommaso ha sempre con sé un fazzoletto.
Thomas always carries a handkerchief.

handsome
bello

L'attore era molto bello.
The actor was very handsome.

hang*
appendere

Maria appende il cappotto dietro la porta.
Mary hangs her coat behind the door.

hanger
l'attaccapanni (m.)

Il ripostiglio è pieno di attaccapanni non utilizzati.
The closet is full of empty hangers.

happy
felice

La gente sorride quando è felice.
People smile when they are happy.

hard
difficile

E' difficile camminare sulle mani.
It is hard to walk on your hands.

hard
duro

Il pavimento è duro!
The floor is hard!

harp
l'arpa (f.)

L'arpa ha molte corde.
A harp has many strings.

hat
il cappello

Mia zia si mette sempre il cappello per andare in chiesa.
My aunt always wears a hat to church.

have*
avere

Hanno dei cappelli rossi.
They have red hats.

hay
il fieno

I cavalli e le mucche mangiano il fieno.
Horses and cows eat hay.

head
la testa

Il pappagallo si era posato sulla mia testa!
The parrot sat on my head!

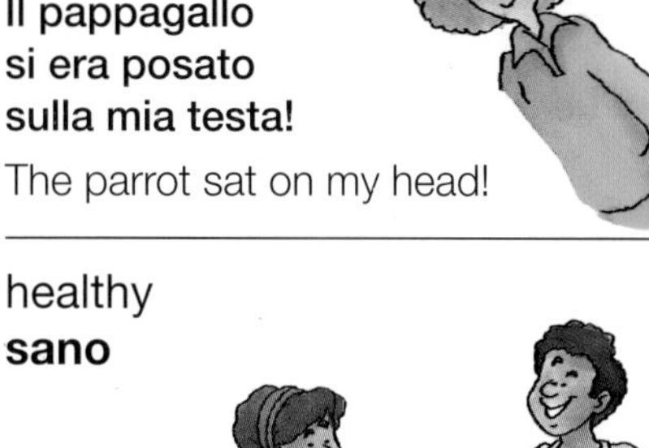

healthy
sano

Stefano e Elena sembrano sanissimi.
Steven and Helen look very healthy.

heart
il cuore

Il mio cuore è proprio qui.
My heart is right here.

heat
il calore

Il calore eccessivo farà bruciare le carote.
Too much heat will burn the carrots.

heavy
pesante

La scatola è troppo pesante per sollevarla.
The box is too heavy to lift.

---

helicopter
l'elicottero (m.)

Un elicottero volò sopra la nostra casa.
A helicopter flew over our house.

---

help
aiutare

La zia Alice aiuta Giacomino ad alzarsi.
Aunt Alice helps Jimmy stand up.

---

hen
la gallina

La gallina proteggva i suoi pulcini.
The hen watched her chicks.

---

herd (of sheep)
il gregge

Un gregge di pecore camminava per la strada.
A herd of sheep walked on the road.

---

here
qui

Mettilo qui, per favore.
Put it here, please.

high
alto

I biscotti sono su uno scaffale alto.
The cookies are on a high shelf.

---

hill
la collina

Il cucciolo corse sulla collina.
The puppy ran up the hill.

---

hippopotamus
l'ippopotamo (m.)

Un ippopotamo camminava nel fiume.
A hippopotamus walked into the river.

---

hit*
colpire

Roberto ha colpìto la palla da baseball mandandola nel campo.
Robert hit the baseball into the field.

---

hockey
l'hockey (m.)

L'hockey si gioca su pattini da ghiaccio.
Hockey is played on ice skates.

---

hoe
zappare

Maria zappava spesso il giardino.
Mary hoed her garden often.

hoe
la zappa

Tommaso usava la zappa per togliere le erbacce del giardino.
Thomas used his hoe to weed his garden.

---

hold*
tenere

Posso tenere il gattino in mano.
I can hold the kitten in my hand.

---

hole
la buca

Il cane sta scavando una buca per il suo osso.
The dog is digging a hole for its bone.

---

home
la casa

Casa è dove si appende il cappello.
Home is where you hang your hat.

---

homework
il compito

Stefano non ha più compiti da fare!
Steven has no more homework to do.

---

honey
il miele

Gli orsi amano il miele.
Bears love honey.

hood
il cappuccio

Il cappotto invernale di Elena ha un cappuccio.
Helen's winter coat has a hood.

hoof*
lo zoccolo

Lo zoccolo del cavallo ha un nuovo ferro.
The horse's hoof has a new shoe.

hoop
il cerchio

Il cane del circo ha saltato attraverso il cerchio.
The circus dog jumped through the hoop.

horn
il corno

Alcuni animali hanno le corna.
Some animals have horns.

horse
il cavallo

Tommaso va a cavallo nel ranch.
Thomas rides his horse on the ranch.

hose
la pompa

Susanna ha usato la pompa per annaffiare il giardino.
Susan used the hose to water the garden.

hospital
l'ospedale (m.)

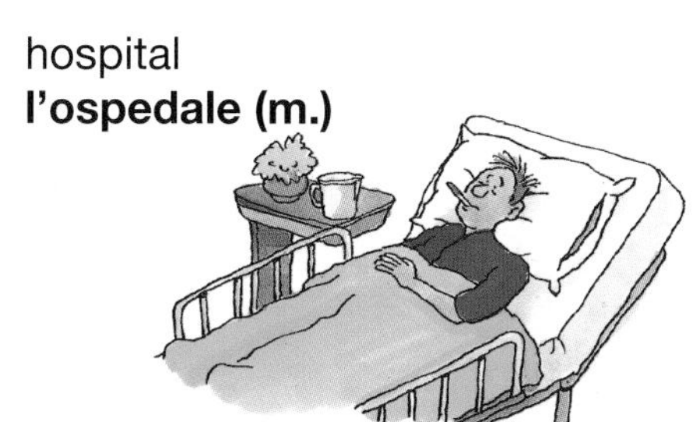

Mio zio è un paziente all'ospedale.
My uncle is a patient at the hospital.

hot
caldo

D'estate fa caldo.
It is hot in the summer.

hotel
l'hotel (m.)

Abbiamo dormito in hotel per una notte.
We slept in a hotel for a night.

hour
l'ora (f.)

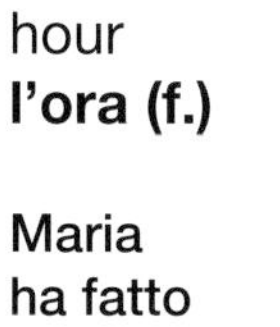

Maria ha fatto i compiti in un'ora.
Mary did her homework in an hour.

house
la casa

Stefano vive in una casa all'angolo della strada.
Steven lives in a house on a corner.

how
quanto

Quanto è caldo?
How hot is it?

hug
abbracciare

La mia mamma mi abbraccia quando è felice.
My mom hugs me when she is happy.

hump
la gobba

I cammelli hanno le gobbe sulla schiena.
Camels have humps on their backs.

hungry
affamato

Il cane è molto affamato.
The dog is very hungry.

hunt
cercare

Elena sta cercando le scarpe.
Helen is hunting for her shoes.

hurt*
farsi male
Elena ha sbattuto contro la porta e si è fatta male alla testa.
Helen ran into the door and hurt her head.

Ii *Ii* Ii *Ii*

Ii

ice
il ghiaccio

Quando fa freddo, l'acqua diventa ghiaccio.
In cold weather, water freezes into ice.

ice cream
il gelato

Il gelato si scioglie subito d'estate.
Ice cream melts fast in the summer.

ice skate
il pattino da ghiaccio

Questi nuovi pattini da ghiaccio sono per il compleanno di Roberto.
These new ice skates are for Robert's birthday.

icicle
il ghiacciolo

D'inverno pendono i ghiaccioli dal tetto.
Icicles hang from the roof in winter.

in front of
di fronte a

La cassetta postale è di fronte alla casa.
The mailbox is in front of the house.

ink
l'inchiostro (m.)

La penna di Tommaso usa l'inchiostro nero.
Thomas's pen uses black ink.

insect
l'insetto (m.)

Le cavallette e le mosche sono insetti.
Grasshoppers and flies are insects.

into
in

Metti la banana nel sacchetto.
Put the banana into the lunch bag.

iron
il ferro

Attento— il ferro è caldo!
Careful—the iron is hot!

island
l'isola (f.)

Un'isola è circondata da acqua.
An island is surrounded by water.

Jj *Jj* Jj *Jj*

jacket
la giacca

Roberto porta la giacca in primavera.
Robert wears a jacket in the spring.

jam
la marmellata

A Maria piace il pane tostato con la marmellata.
Mary loves toast with jam.

jeans
jeans

Roberto indossa dei vecchi jeans per pulire il pavimento.
Robert wears old jeans to clean the floor.

Jeep
la Jeep

La Jeep è salìta per la strada di montagna.
The Jeep drove up the mountain road.

jelly
la marmellata

In alcuni dolci c'è la marmellata.
Some cakes have jelly in them

jet
l'aviogetto (m.)

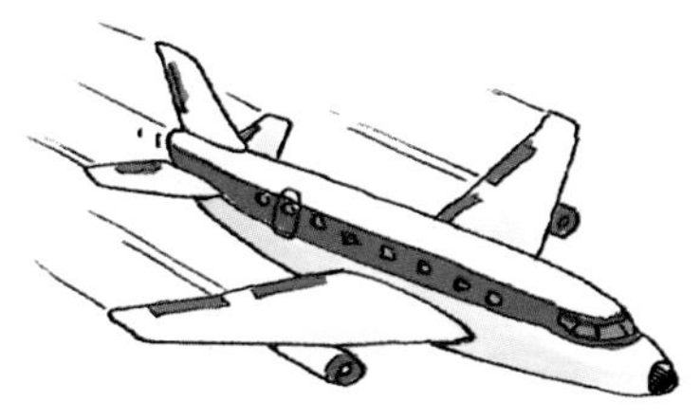

Hai mai volato in aviogetto?
Have you flown on a jet?

jewel
il gioiello

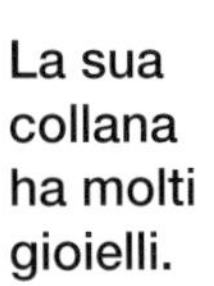

La sua collana ha molti gioielli.
Her necklace has many jewels on it.

jeweler
il gioielliere

Il gioielliere vende anelli e braccialetti.
The jeweler sells rings and bracelets.

jigsaw puzzle
il puzzle

Roberto ha composto un puzzle.
Robert put together a jigsaw puzzle.

jog
correre

Stefano e suo papà corrono nel parco.
Steven and his dad jog in the park.

juggle
palleggiare

Quante palline sta palleggiando il pagliaccio?
How many balls is the clown juggling?

juice
il succo

Giacomino vuole del succo.
Jimmy wants juice.

jump
saltare

Maria riesce a saltare lo steccato.
Mary can jump over the fence.

jungle
la giungla

Fa molto caldo nella giungla.
It is very hot in the jungle.

jungle gym
la struttura per giocare

I bambini salgono sulla struttura per giocare.
The children climb on the jungle gym.

Kk*Kk*Kk*Kk*

kangaroo
il canguro

I canguri fanno salti lunghissimi.
A kangaroo can jump very far.

keep*
conservare

La mamma di Stefano conserva tutti i suoi esami.
Steven's mom keeps all his exams.

ketchup
il ketchup

Elena ha messo il ketchup sul suo hamburger.
Helen put ketchup on her hamburger.

kettle
la pentola

Il cuoco gira la minestra nella pentola.
The cook is stirring a kettle of soup.

key
la chiave

Con questa chiave si può aprire la porta.
The door can be opened with this key.

kick
il calcio
Roberto ha dato un forte calcio alla palla.
Robert gave the ball a hard kick.

kick
dare un calcio
Roberto ha dato un calcio al pallone.
Robert kicked the football.

kid
il capretto

Il capretto è il piccolo della capra.
A kid is a baby goat.

king
il re

Il re vive in un castello.
The king lives in a castle.

kitchen
la cucina

Noi mangiamo in cucina.
We eat in the kitchen.

kite
l'aquilone (m.)

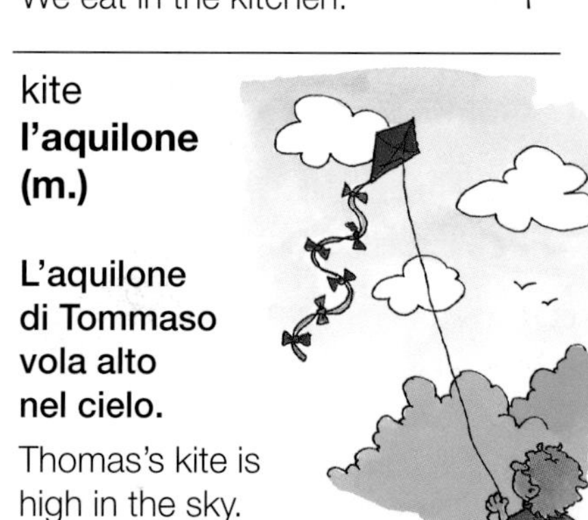

L'aquilone di Tommaso vola alto nel cielo.
Thomas's kite is high in the sky.

kitten
il gattino

La mia gatta è una brava madre per i suoi gattini.
My cat is a good mother to her kittens.

knee
il ginocchio

Stefano si è fatto male al ginocchio giocando a football.
Steven hurt his knee playing football.

knife*
il coltello

Maria ha fatto cadere il coltello sul pavimento.
Mary dropped her knife on the floor.

knit*
lavorare a maglia

La nonna ha lavorato a maglia un cappottino per il cane.
Grandma knit her dog a sweater.

knot
il nodo

Susanna ha fatto i nodi ai lacci.
Susan tied her shoelaces in knots.

Ll *Ll* Ll *Ll*

label
l'etichetta (f.)

Roberto ha letto l'etichetta sul barattolo della minestra.
Robert read the label on the soup can.

lace
il pizzo

Le nostre tende sono di pizzo.
Our curtains are made of lace.

ladder
la scala

Il pompiere è salito sul tetto con una scala.
The fire fighter climbed a ladder to the roof.

lake
il lago

Ci piace pescare e nuotare nel lago.
We like to fish and swim at the lake.

lamb
l'agnello (m.)

Agli agnelli piace giocare.
The lambs love to play.

lamp
la lampada

Una grossa lampada illumina la camera da letto.
A large lamp lights up the bedroom.

lap
il grembo

Quando mi siedo, il gatto mi salta in grembo.
When I sit down, my cat jumps up on my lap.

large
grande

La giacca è troppo grande per Maria.
The jacket is too large for Mary.

last
ultimo

Chi vuole l'ultimo pezzo di torta?
Who wants the last piece of cake?

late
in ritardo

La mamma era in ritardo per il lavoro.
Mom was late for work.

laugh
ridere

Susanna ride guardando il pagliaccio.
Susan is laughing at the clown.

laugh
la risata

La risata di Susanna è molto forte.
Susan's laugh is very loud.

laundry
la biancheria

Questo mucchio di biancheria deve essere lavato.
This pile of laundry has to be washed.

lawn
il prato

Tommaso era seduto sul prato sotto un albero.
Thomas sat on the lawn under a tree.

lawn mower
il tagliaerba

Papà ha tagliato l'erba con il tagliaerba.
Dad cut the grass with the lawn mower.

lazy
pigro

Maria era pigra e non puliva mai la sua stanza.
Mary was lazy and would not clean her room.

leaf*
la foglia

Una foglia si è staccata dall'albero e mi è caduta in grembo.
A leaf fell off the tree and into my lap.

leap*
saltare

E' divertente saltare le pozzanghere quando piove.
It's fun to leap over puddles in the rain.

learn
imparare

A scuola stiamo imparando a leggere.
At school we are learning to read.

leather
il cuoio

Le scarpe di Roberto sono di cuoio.
Robert's shoes are leather.

leave*
partire

Parto da casa per andare a scuola dopo colazione.
I leave the house for school after breakfast.

left
sinistro

Guglielmo teneva il palloncino nella mano sinistra.
William held the balloon in his left hand.

leg (of an animal)
la zampa

Il ragno ha delle zampe lunghissime.
The spider has very long legs.

---

lemon
il limone

Elena sta spremendo dei limoni.
Helen is squeezing lemons.

---

lemonade
la limonata

Quando fa caldo beviamo la limonata.
We drink lemonade when the weather is hot.

---

leopard
il leopardo

Il leopardo vive allo zoo.
A leopard lives at the zoo.

---

less*
meno

Roberto mangia meno dessert di Susanna.
Robert has less dessert than Susan does.

---

lesson
la lezione

E' ora di iniziare la lezione di violino di Elena.
It is time for Helen's violin lesson.

---

letter
la lettera

Mi scriverai una lettera?
Will you write me a letter?

---

letter carrier
il postino

Il postino riempe la nostra cassetta postale.
The letter carrier fills our mailbox.

---

lettuce
la lattuga

Guglielmo ha messo della lattuga nell'insalata.
William put lettuce in the salad.

---

librarian
il bibliotecario
la bibliotecaria

La bibliotecaria mi aiuta a trovare i libri.
The librarian helps me find books.

---

lick
leccare

Maria sta leccando il suo cono di gelato.
Mary is licking her ice cream cone.

---

lift
sollevare

Per favore, solleva il coperchio della scatola.
Please lift the top of the box.

---

light*
accendere

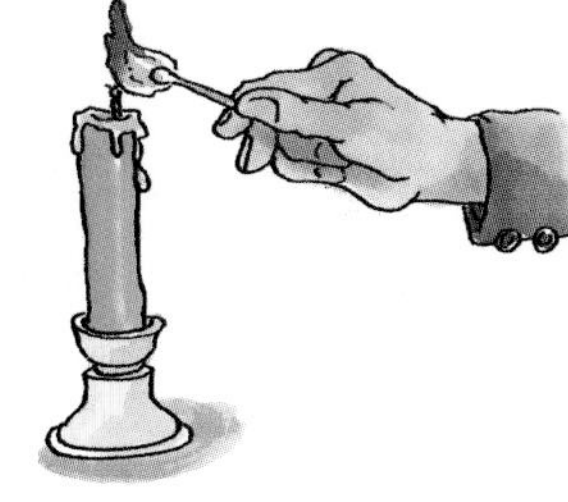

La mamma sta accendendo una candela.
Mother is lighting a candle.

---

lightbulb
la lampadina

Maria ha messo una nuova lampadina nella lampada.
Mary put a new lightbulb in the lamp.

---

lightning
il lampo

Il lampo illumina il cielo di notte.
Lightning lights up the night sky.

---

like
come

Uno è come l'altro.
One is like the other.

---

like
piacere

A Stefano piace il gelato!
Steven likes ice cream!

---

lime
la limetta

Di che colore è la limetta?
What color is the lime?

line
la coda

Non mi piace fare la coda.
I do not like standing in line.

---

lion
il leone

I leoni stanno dormendo.
The lions are sleeping.

---

lip
il labbro

Elena si è morsa il labbro.
Helen bit her lip.

---

list
la lista

Quante cose ci sono sulla lista?
How many things are on the list?

---

listen
ascoltare

Gli studenti ascoltano la musica.
The students listen to the music.

---

little
piccolo

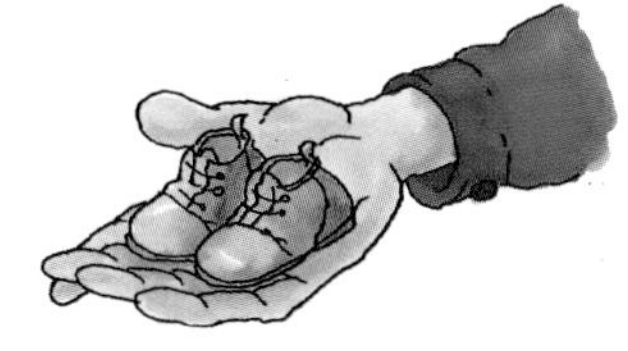

Le scarpe del bambino sono piccole.
The baby's shoes are little.

---

live
vivere

Il cane vive in una casetta.
The dog lives in a small house.

---

living room
il soggiorno

Nel nostro soggiorno c'è un caminetto.
Our living room has a fireplace.

---

lizard
la lucertola

Una lucertola stava su una roccia al sole.
A lizard sat on a rock in the sun.

---

lobster
l'aragosta (f.)

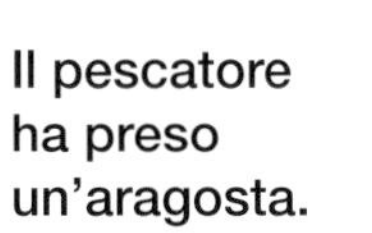

Il pescatore ha preso un'aragosta.
The fisherman caught a lobster.

---

lock
chiudere a chiave

Elena ha chiuso a chiave la porta quando è partita.
Helen locked the door when she left.

lock
la serratura

Ci sono due serrature sulla porta.
There are two locks on the door.

---

log
il ciocco

Lo zio Edoardo portò in casa alcuni ciocchi.
Uncle Edward carried in some logs.

---

lollipop
il leccalecca

Giacomino ha falto cadere il suo leccalecca.
Jimmy dropped his lollipop.

---

long
lungo

I pantaloni sono troppo lunghi per Tommaso.
The pants are too long for Thomas.

---

look
guardare

Elena sta guardando la torta di ciliegie.
Helen is looking at the cherry pie.

---

loud
rumoroso

La campana è molto rumorosa!
The bell is very loud!

---

love
amare

La mamma ama moltissimo Giacomino.
Mommy loves Jimmy very much.

---

lunch
il pranzo

Abbiamo mangiato minestra e panini per pranzo.
We ate soup and sandwiches for lunch.

MmMmMmMm

magazine
la rivista

Tommaso legge delle riviste a casa.
Thomas reads magazines at home.

magician
il mago

Il mago ha tirato fuori un coniglio dal cappello.
The magician pulled a rabbit out of his hat.

magnet
la calamita

I chiodi sono attirati dalla calamita.
The nails are pulled by a magnet.

mail
la posta

Con la posta è arrivata una lettera per Susanna.
A letter came for Susan in the mail.

mailbox
la cassetta postale

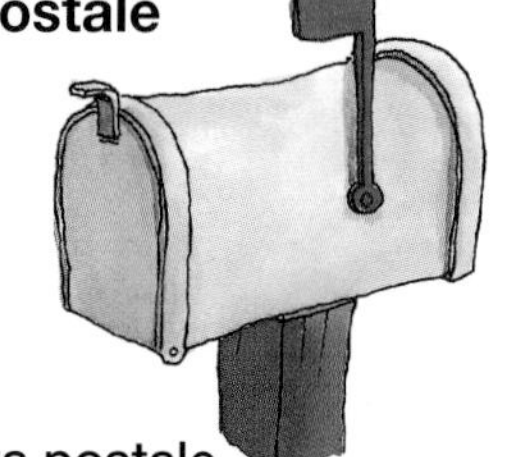

Ogni casa ha una cassetta postale.
Every home has a mailbox.

make*
fare

Elena ha fatto una torta per dessert.
Helen made a pie for dessert.

make-believe
la finta

I bambini fanno finta.
Children play make-believe.

man*
l'uomo (m.)

Mio zio è un uomo alto.
My uncle is a tall man.

mane
la criniera

Il cavallo ha una lunga criniera.
The horse has a long mane.

many
molti

Ci sono molte candele!
There are many candles!

map
la cartina

La cartina di Roberto mostra la città.
Robert's map shows the city.

mask
la maschera

Il costume ha una stupida maschera.
The costume has a silly mask.

match
il fiammifero

Papà ha acceso il fuoco con i fiammiferi.
Dad lit the fire with his matches.

match
abbinare

Queste calze non sono abbinate.
These socks do not match.

meal
il pasto

La colazione è il pasto del mattino.
Breakfast is the morning meal.

meat
la carne

Papà ha affettato la carne per fare dei panini.
Dad cut up the meat for sandwiches.

mechanic
il meccanico

Il meccanico ripara le macchine.
A mechanic fixes cars.

---

medal
la medaglia

Il corridore ha vinto una medaglia.
The runner won a medal.

---

medicine
la medicina

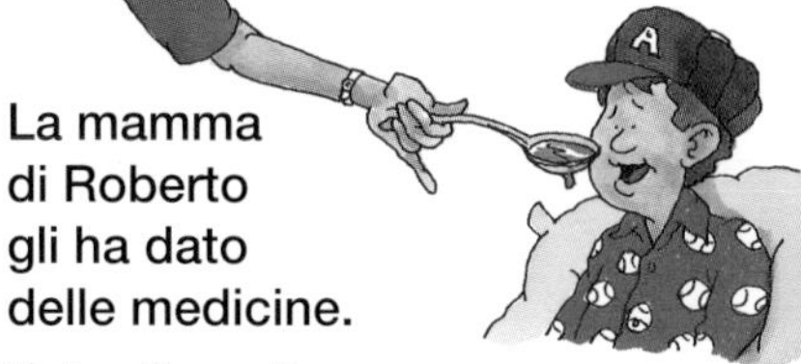

La mamma di Roberto gli ha dato delle medicine.
Robert's mother gave him some medicine.

---

medium
medio

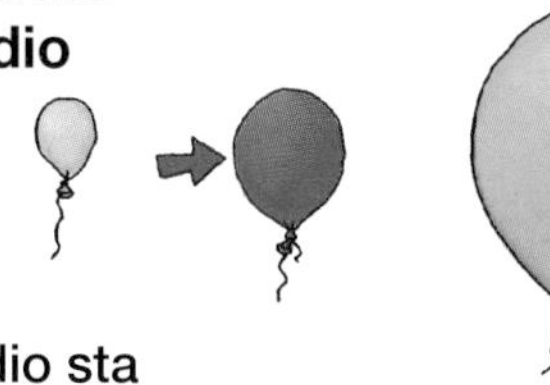

Medio sta tra grande e piccolo.
Medium is between large and small.

---

melon
il melone

Il nonno ha piantato dei meloni nel giardino.
Grandfather planted melons in his garden.

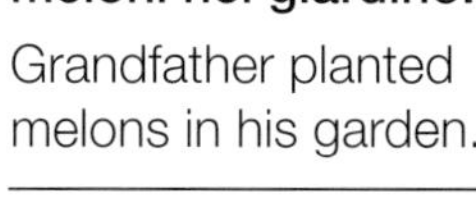

---

melt
sciogliersi

Il gelato di Elena si è sciolto.
Helen's ice cream melted.

---

menu
la lista

Ho letto la lista al ristorante.
I read the menu at the restaurant.

---

mess
sporco

La faccia di Tommaso è sporca.
Thomas's face is a mess.

---

microphone
il microfono

Il cantante cantava nel microfono.
The singer sang into a microphone.

---

microscope
il microscopio

Il microscopio fa sembrare grandi le cose piccole.
The microscope makes small things look big.

---

milk
il latte

Il latte rende forti le ossa e i denti.
Milk gives you strong bones and teeth.

---

mirror
lo specchio

Elena si sta guardando nello specchio.
Helen is looking at herself in the mirror.

---

mittens
le manopole

Roberto indossa le manopole fuori nella neve.
Robert wears his mittens outside in the snow.

---

mix
mescolare

Guglielmo ha mescolato la farina nella pasta dei biscotti.
William mixed flour into the cookie dough.

---

mom
la mamma

Io chiamo mia madre *mamma*.
I call my mother *mom*.

---

money
i soldi

Roberto ha comprato un pallone con i suoi soldi.
Robert bought a ball with his money.

---

monkey
la scimmia

La scimmia saltava di ramo in ramo.
The monkey jumped from branch to branch.

month
il mese

Ci sono
quattro settimane in un mese.
There are four weeks in a month.

---

moon
la luna

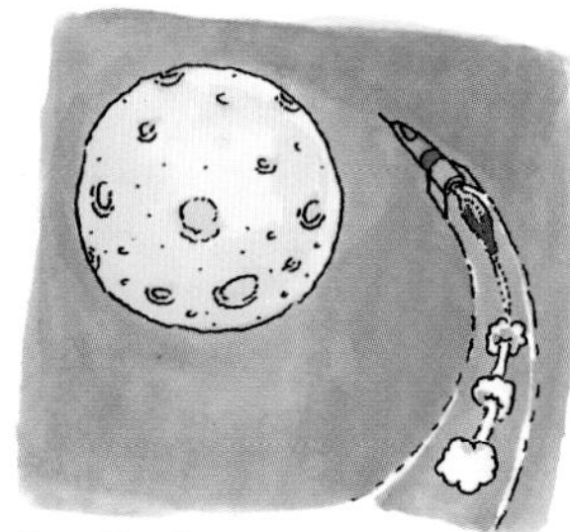

Gli astronauti sono andati sulla luna.
The astronauts went to the moon.

---

more*
più

Giacomino vuole più latte.
Jimmy wants more milk.

---

morning
la mattina

Facciamo colazione ogni mattina.
We have breakfast every morning.

---

mosquito
la zanzara

Una zanzara mi ha punto!
A mosquito bit me!

---

moth
la falena

La falena assomiglia a una farfalla.
The moth looks like a butterfly.

---

mother
la madre

Mia madre mi legge qualcosa.
My mother reads to me.

---

mountain
la montagna

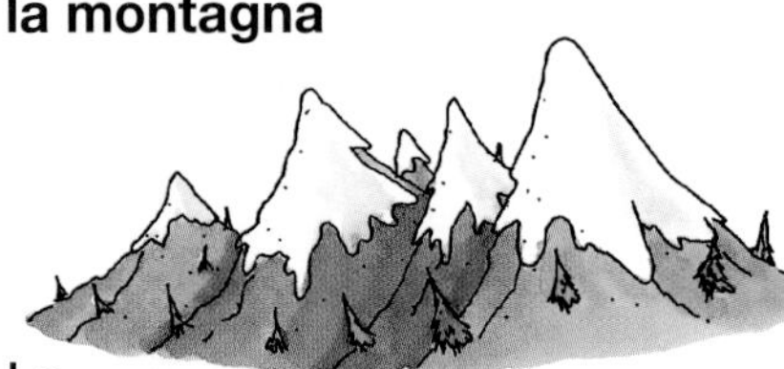

Le montagne sono coperte di neve.
The mountains are covered with snow.

---

mouse*
il topo

Il topo si è rifugiato in un buco nel muro.
The mouse ran into a hole in the wall.

---

mouth
la bocca

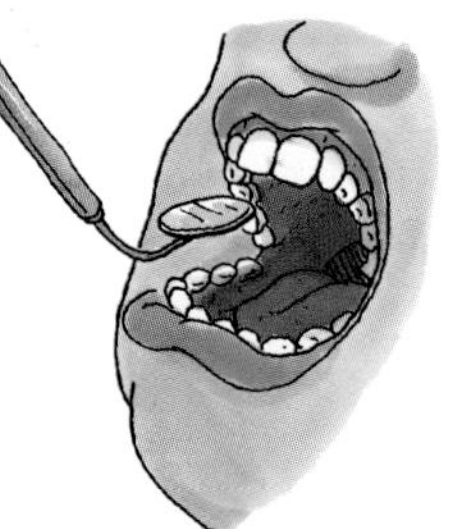

Ho aperto la bocca per il dentista.
I opened my mouth for the dentist.

---

movie
il film

I bambini guardarono un film.
The children watched a movie.

---

much
molto

C'è molto cibo qui!
There is much food here!

---

mud
il fango

Ai maiali piace rotolarsi nel fango.
Pigs love to roll in the mud.

---

museum
il museo

Un museo contiene molte statue.
A museum contains many statues.

---

mushroom
il fungo

Abbiamo trovato dei funghi nell'erba bagnata.
We found mushrooms in the wet grass.

---

music
la musica

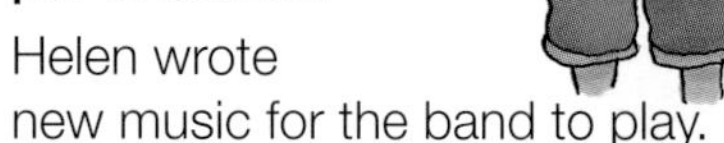

Elena ha scritto della nuova musica per la banda.
Helen wrote new music for the band to play.

---

mustache
i baffi

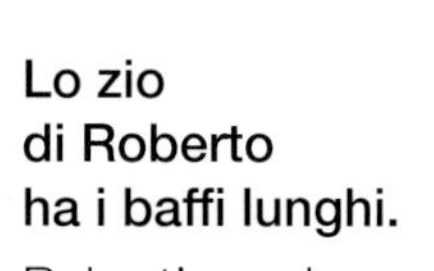

Lo zio di Roberto ha i baffi lunghi.
Robert's uncle has a large mustache.

---

mustard
la senape

La senape è buona sui panini al prosciutto.
Mustard is good on ham sandwiches.

NnNnNnNn

nail
inchiodare
Roberto ha inchiodato il cartello allo steccato.
Robert nailed the sign to the fence.

nail
il chiodo
Roberto ha usato quattro chiodi.
Robert used four nails.

name
il nome

Chi ha nome *Giacomino*?
Whose name is *Jimmy*?

nap
il pisolino
Il nonno sta facendo un pisolino.
Grandpa is taking a nap.

nap
sonnecchiare
Sta sonnecchiando sul sofà.
He is napping on the sofa.

napkin
il tovagliolo

Maria ha fatto cadere il tovagliolo.
Mary dropped her napkin.

narrow
stretto
La cassetta postale è troppo stretta.
The mailbox is too narrow.

near
vicino

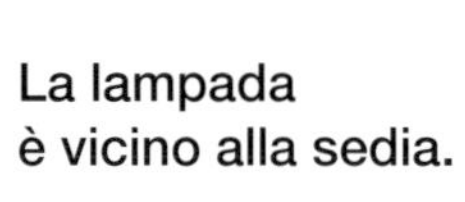

La lampada è vicino alla sedia.
The lamp is near the chair.

neck
il collo
Le giraffe hanno il collo lungo.
Giraffes have long necks.

necklace
la collana
Elena porta una collana d'oro.
Helen is wearing a gold necklace.

necktie
la cravatta

Roberto porta una cravatta.
Robert is wearing a necktie.

need
avere bisogno
Abbiamo bisogno di più latte.
We need more milk.

needle
l'ago (m.)

La nonna cuce con un ago.
Grandma sews with a needle.

nest
il nido

Gli uccellini aspettano nel nido.
The baby birds are waiting in the nest.

net
la rete

Ho tirato la palla sopra la rete.
I hit the volleyball over the net.

never
mai

L'insegnante non è mai in ritardo!
The teacher is never late!

new
nuovo

Stefano ha bisogno di scarpe nuove.
Steven needs new shoes.

newspaper
il giornale

Elena sta leggendo il giornale.
Helen is reading the newspaper.

---

night
la notte

Le notti sono silenziose in montagna.
Nights are quiet in the mountains.

---

noise
il rumore

Il pappagallo fa troppo rumore.
The parrot makes too much noise.

---

noodles
le tagliatelle

Mia zia ha cucinato le tagliatelle per pranzo.
My aunt cooked noodles for lunch.

---

noon
mezzogiorno

A mezzogiorno Guglielmo ha già fame.
William is hungry by noon.

---

nose
il naso

D'inverno il naso mi diventa rosso.
In the winter my nose becomes red.

---

note
la nota

Guglielmo prenderà nota dell'indirizzo.
William will make a note of the address.

---

notebook
il quaderno

Sta scrivendo l'indirizzo sul quaderno.
He is writing the address in his notebook.

---

notepad
il blocco per appunti

C'è un blocco per appunti vicino al telefono.
There is a notepad near the telephone.

---

number
il numero

Ci sono dei numeri nel mio indirizzo.
There are numbers in my address.

---

nurse
l'infermiere (m.)
l'infermiera (f.)

L'infermiera aiuta a curare i pazienti.
A nurse helps make patients healthy.

---

nuts
le noci

Sopra il gelato di Maria ci sono delle noci.
Mary's ice cream has nuts on top.

OoOoOoOo

---

oar
il remo

I remi sono nella barca.
The oars are in the rowboat.

---

ocean
l'oceano (m.)

Le balene vivono nell'oceano.
Whales live in the ocean.

---

octopus
il polpo

Il polpo ha otto bracci.
An octopus has eight arms.

---

off
da

Stefano è caduto da cavallo.
Steven fell off his horse.

---

office
l'ufficio (m.)

Il mio papà va a lavorare in un ufficio.
My dad goes to an office to work.

often
spesso

Il semaforo cambia spesso.

The traffic light changes often.

---

oil
l'olio (m.)

Le macchine hanno bisogno di olio e benzina.

Cars have to have oil and gasoline.

---

old
vecchio

Maria indossava una camicia nuova e i suoi vecchi jeans.

Mary wore a new shirt and her old jeans.

---

omelet
la frittata

Ho cotto la frittata con le uova e il formaggio.

I cooked an omelet with eggs and cheese.

---

on
su

Roberto è sulla bicicletta.

Robert is on the bicycle.

---

onion
la cipolla

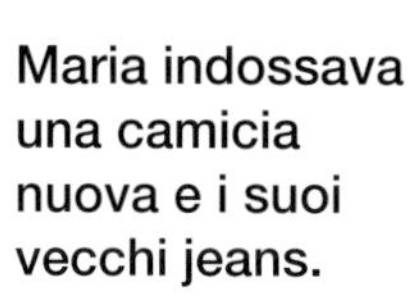

Il mio papà mangia l'hamburger con le cipolle.

My dad eats onions on his hamburger.

---

open
aprire

La bambina aprì la bocca per piangere.

The baby opened her mouth to cry.

---

open
aperto

La pioggia è entrata dalla finestra aperta.

The rain came in the open window.

---

orange
arancione

Mescola il rosso e il giallo per fare l'arancione.

Mix red and yellow to make orange.

---

orange
l'arancia (f.)

Roberto ha mangiato un'arancia per pranzo.

Robert ate an orange for lunch.

---

orchestra
l'orchestra (f.)

L'orchestra ha suonato per più di un'ora!

The orchestra played for more than an hour!

---

ostrich
lo struzzo

Lo struzzo è un uccello molto grande.

The ostrich is a very large bird.

---

other
altro

L'altro pezzo di torta è tuo!

The other piece of cake is yours!

---

out
fuori

Stefano è uscito fuori.

Steven went out the door.

---

outside
l'esterno (m.)

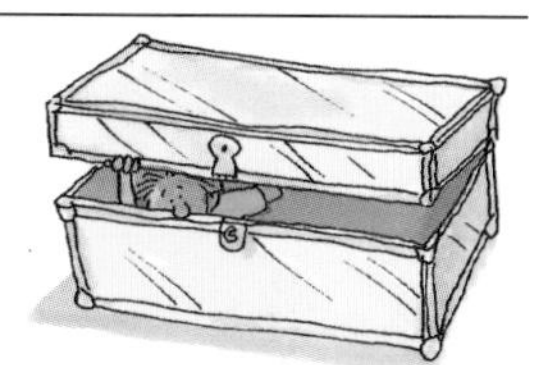

L'esterno della scatola è dorato.

The outside of the box is gold.

---

oven
il forno

Il cuoco ha cotto una torta nel forno.

The cook baked a pie in the oven.

---

over
sopra

L'aereo volava sopra la nostra casa.

The airplane flew over our house.

---

owl
il gufo

I gufi cercano il cibo di notte.

Owls hunt for food at night.

PpPpPpPp

package
il pacchetto
C'era un pacchetto per me nella cassetta postale.
There was a package for me in the mailbox.

page
la pagina

Giacomino ha fatto dei disegni su questa pagina.
Jimmy drew on this page.

pail
il secchio

Giacomino ha portato il secchio alla spiaggia.
Jimmy took his pail to the beach.

pain
il dolore
Roberto aveva un dolore alla testa.
Robert had a pain in his head.

paint
dipingere
Elena ha dipinto un quadro.
Helen painted a picture.

paint
la vernice
La vernice rossa è sgocciolata sul tappeto.
The red paint dripped on the rug.

paintbrush
il pennello
Stefano ha messo il pennello nella vernice.
Steven put the paintbrush into the paint.

pajamas
il pigiama
Maria indossa un pigiama con i piedi.
Mary wears pajamas with feet.

palace
il palazzo

Il re e la regina vivono in un palazzo.
The king and queen live in a palace.

pan
la padella

La mamma cuoce le uova in padella.
Mother cooks eggs in a pan.

panda
il panda

Lo zoo ha un nuovo panda.
The zoo has a new panda.

pants
i pantaloni

Roberto portava una camicia bianca e dei pantaloni neri.
Robert wore a white shirt and black pants.

paper
il foglio
Il foglio di Elena è in bacheca.
Helen's paper is on the bulletin board.

parachute
il paracadute

L'uomo è saltato dall'aereo col paracadute.
The man jumped from the airplane with a parachute.

parade
la sfilata

C'erano dei pagliacci nella sfilata.
There were clowns in the parade.

paramedic
il paramedico

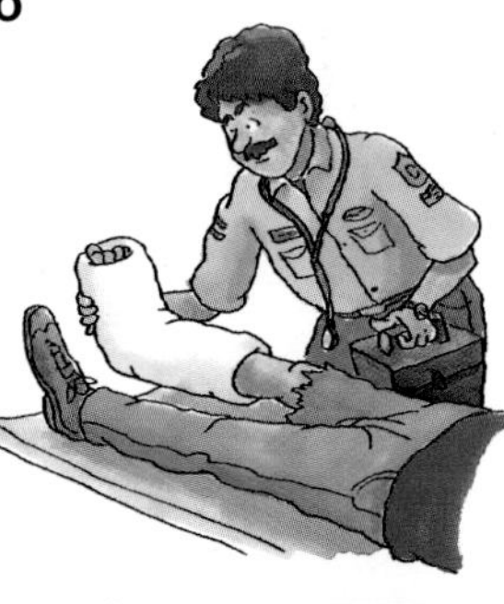

I paramedici aiutano le persone ferite.
Paramedics help people who are hurt.

parents
i genitori
I miei genitori sono mamma e papà.
My parents are Mommy and Daddy.

park
il parco

Il nostro parco ha erba, fiori, e panchine.
Our park has grass, flowers, and benches.

parrot
il pappagallo

Il pappagallo della zia Alice le parla.

Aunt Alice's parrot talks to her.

pasture
il pascolo

Le mucche sono al pascolo.

The cows are in the pasture.

peanut
la nocciolina

Elena mangia le noccioline al cinema.

Helen eats peanuts at the movies.

part
la parte

Il ragazzo ha mangiato una parte della mela.

The boy ate part of the apple.

path
il sentiero

Guglielmo ha seguito il sentiero nella foresta.

William followed a path in the forest.

pear
la pera

Ci sono due pere e una mela.

Here are two pears and an apple.

party
la festa

Giacomino dà una festa di compleanno.

Jimmy is having a birthday party.

patient
il paziente
la paziente

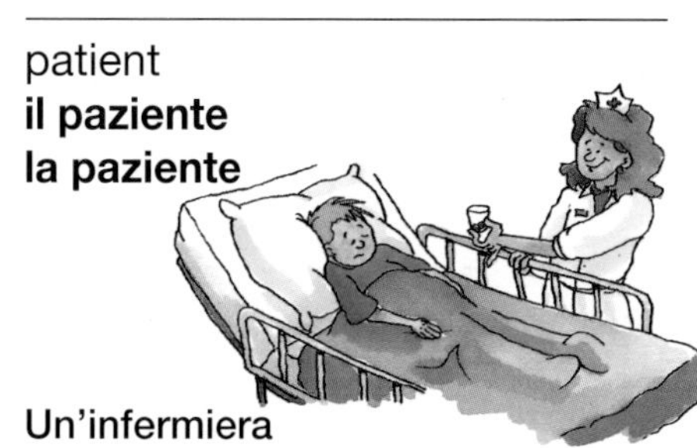

Un'infermiera dà le medicine al paziente.

A nurse gives the patient medicine.

pebble
il sasso

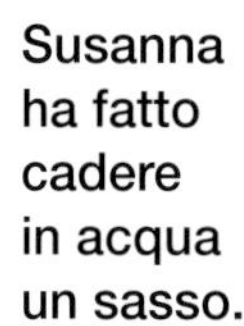

Susanna ha fatto cadere in acqua un sasso.

Susan dropped a pebble into the water.

passenger
il passeggero

I passeggeri comprano dei biglietti per il treno.

Passengers buy tickets to ride the train.

paw
la zampa

Il cane alzò la zampa.

The dog held up its paw.

pen
la penna

Lo studente ha scritto con la penna.

The student wrote with a pen.

paste
la colla
Qualcuno ha lasciato la colla sul tavolo.

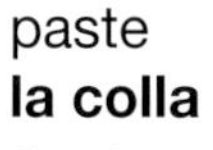

Someone left the paste on the table.

paste
incollare
Tommaso ha incollato la sua foto sulla pagina.

Thomas pasted his picture on the page.

pea
il pisello

Mi piacciono i piselli e le carote.

I like peas and carrots.

peach
la pesca

Roberto ha mangiato una pesca coi cereali.

Robert ate a peach with his cereal.

pencil
la matita

Guglielmo disegna con una matita.

William draws pictures with a pencil.

pencil sharpener
il temperamatite

C'è un temperamatite nell'aula.

There is a pencil sharpener in the classroom.

penguin
il pinguino

I pinguini vivono sul ghiaccio.
Penguins live on the ice.

people
le persone

Due persone sono venute a casa nostra.
Two people came to our house.

pepper
il pepe

Il pepe è nero e il sale è bianco.
Pepper is black, and salt is white.

person
la persona

Una persona era in ritardo per la scuola.
One person was late for school.

pet
l'animale domestico
Il cagnolino è l'animale domestico di Susanna.
The puppy is Susan's pet.

pet
accarezzare
Susanna sta accarezzando il suo cagnolino.
Susan is petting her puppy.

petal
il petalo

Questo fiore ha dei petali rossi e morbidi.
This flower has soft, red petals.

pharmacist
il farmacista
la farmacista
La zia Alice compra le pillole dal farmacista.
Aunt Alice buys pills from the pharmacist.

pharmacy
la farmacia

In farmacia si vendono le medicine.
The pharmacy sells medicine.

phone booth
la cabina telefonica

Papà sta chiamando a casa da una cabina telefonica.
Dad is calling home from a phone booth.

photograph
la fotografia

Maria ha con sé una fotografia del suo papà.
Mary is carrying a photograph of her dad.

piano
il pianoforte

Roberto suona il pianoforte mentre sua sorella canta.
Robert plays the piano while his sister sings.

picnic
il picnic

Per il nostro picnic abbiamo mangiato del pollo.
We ate chicken at our picnic.

picture
il quadro

In un museo i quadri sono appesi alle pareti.
In a museum, pictures hang on the walls.

pie
la torta

Chi ha mangiato un pezzo di torta?
Who ate a piece of pie?

piece
il pezzo

E' un pezzo molto grosso!
That is a very large piece!

pig
il maiale

Ci sono molti maiali nella fattoria di zio Edoardo.
There are many pigs on Uncle Edward's farm.

piggy bank
il salvadanaio

Maria conserva i soldi nel suo salvadanaio.
Mary keeps money in her piggy bank.

pile
il mucchio

Il marciapiede era coperto da un mucchio di sporcizia.
A pile of dirt covered the sidewalk.

pill
la pillola

L'infermiera ha dato a Tommaso una pillola gialla.
The nurse gave Thomas a yellow pill.

pillow
il cuscino

Il mio letto ha dei morbidi cuscini per la mia testa.
My bed has soft pillows for my head.

pilot
il pilota

Il pilota sta conducendo l'aereo.
The pilot is flying the airplane.

pin
lo spillo

Gli spilli sono molto appuntiti!
Pins are very sharp!

pineapple
l'ananas (m.)

Susanna ha messo dell'ananas nella macedonia.
Susan put pineapple in the fruit salad.

pink
rosa

Susanna portava un cappello e un cappotto rosa.
Susan wore a pink hat and coat.

pitcher
il lanciatore

Maria è il lanciatore della sua squadra di baseball.
Mary is the pitcher on her baseball team.

pitcher
la caraffa

Tommaso ha rovesciato la caraffa del latte.
Thomas spilled the milk pitcher.

place
il posto

Il letto è un posto per dormire.
A bed is a place for sleeping.

plain
semplice

Il regalo è arrivato avvolto in una carta semplice e senza fiocchi.
The gift came in plain paper with no ribbons.

plain
la pianura

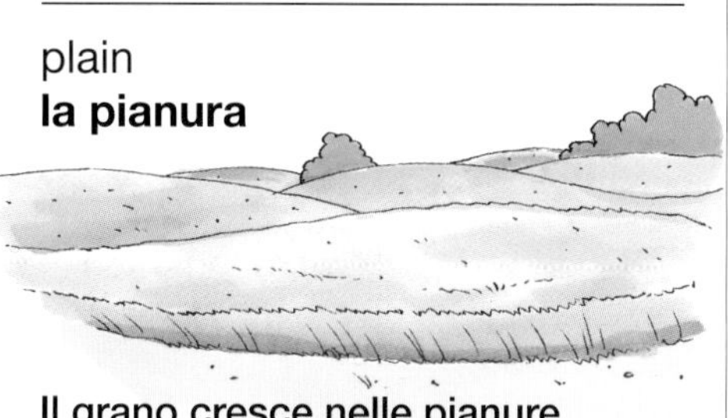

Il grano cresce nelle pianure.
Wheat grows on the plains.

planet
il pianeta

I pianeti girano intorno al sole.
The planets circle the sun.

plant
piantare

Il contadino sta piantando il granoturco.
The farmer is planting corn.

plant
la pianta

La finestra è piena di piante.
The window is full of plants.

plate
il piatto

Guglielmo ha della carne e delle patate nel suo piatto.
William has meat and potatoes on his plate.

play
suonare

Maria suona la chitarra.
Mary plays the guitar.

play
giocare

I bambini stanno giocando sull'altalena.
The children are playing on the swings.

playground
il campo di giochi

Roberto va al campo di giochi dopo la scuola.

Robert goes to the playground after school.

---

please
per favore

Ancora un po' di torta, per favore.

More cake, please.

---

plumber
l'idraulico (m.)

E' venuto un idraulico per riparare il lavandino.

A plumber came to fix the sink.

---

pocket
la tasca

Che cos' hai in tasca?

What is in your pocket?

---

point
indicare

Susanna sta indicando il gatto.

Susan is pointing at the cat.

---

point
la punta

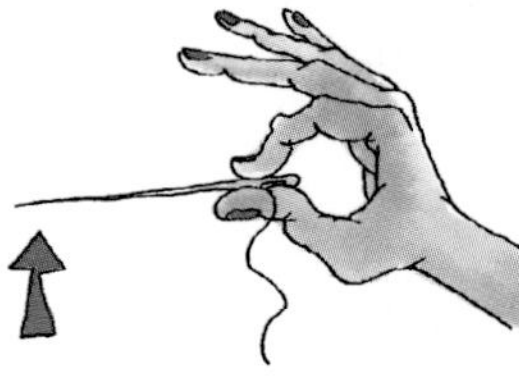

L'ago ha la punta affilata.

The needle has a sharp point.

---

polar bear
l'orso (m.) polare

Gli orsi polari hanno la pelliccia bianca.

Polar bears have white fur.

---

police
la polizia

La polizia ci protegge.

The police keep us safe.

---

police car
la macchina della polizia

La macchina della polizia andava a tutta velocità per la strada.

A police car raced down the street.

---

policeman*
il poliziotto

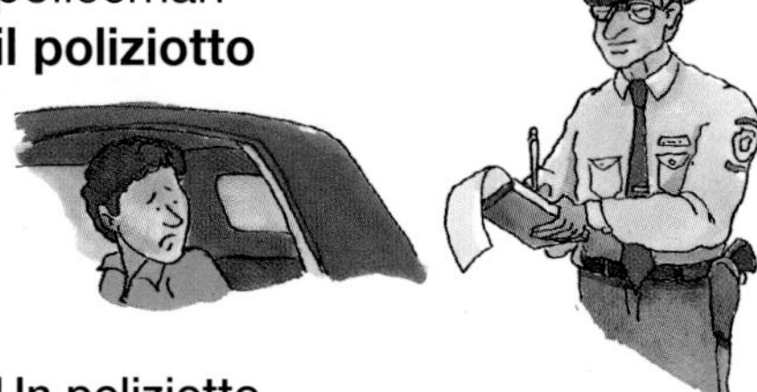

Un poliziotto ha fatto la multa a mio padre.

A policeman gave my dad a ticket.

---

policewoman*
la donna poliziotto

La donna poliziotto mi ha indicato la strada.

The policewoman showed me the way.

---

pond
lo stagno

Le rane e i pesci vivono nello stagno.

Frogs and fish live in the pond.

---

ponytail
la coda di cavallo

Maria si è legata la coda di cavallo con un nastro.

Mary tied a ribbon around her ponytail.

---

pool
la piscina

Nuotiamo e giochiamo in una piscina.

We swim and play in a pool.

---

popcorn
il popcorn

Stefano compra il popcorn al cinema.

Steven buys popcorn at the movies.

---

porch
il portico

Mi piace sedermi sotto il portico al tramonto.

I love to sit on the porch at sunset.

---

porthole
l'oblò (m.)

Un oblò è una finestra su una nave.

A porthole is a window on a boat.

---

post office
l'ufficio (m.) postale

Elena compra dei francobolli all'ufficio postale.

Helen buys stamps at the post office.

pot
la pentola

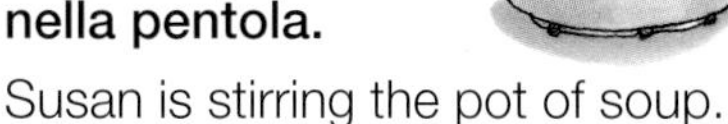

Susanna sta girando la minestra nella pentola.

Susan is stirring the pot of soup.

---

potato
la patata

La nonna ha tagliato le patate per fare le patatine fritte.

Grandma cut up potatoes to make french fries.

---

potato chips
le patatine

Roberto ha mangiato delle patatine al picnic.

Robert ate potato chips at the picnic.

---

powder
il borotalco

Maria ha cosparso di borotalco il bambino.

Mary put powder on the baby.

---

practice
studiare

Elena studia il violino.

Helen is practicing the violin.

---

present
il regalo

Questi regali di compleanno sono per Giacomino.

These birthday presents are for Jimmy.

---

pretty
bello

Il giardino è pieno di bei fiori.

The garden is filled with pretty flowers.

---

price
il prezzo

I prezzi del cibo sono sulla lista.

The prices for the food are on the menu.

---

prince
il principe

Il principe è figlio del re e della regina.

A prince is the son of a king and queen.

---

princess
la principessa

La principessa portava una coroncina.

The princess wore a small crown.

---

prize
il premio

Roberto ha vinto un premio perché ha corso velocemente.

Robert won a prize for running fast.

---

puddle
la pozzanghera

I bambini passavano nelle pozzanghere.

The children walked through the puddles.

---

pull
tirare

Maria tirava il carretto sul marciapiede.

Mary pulled the wagon down the sidewalk.

---

pumpkin
la zucca

La mamma ha inciso un viso sulla zucca.

Mommy carved a face in my pumpkin.

---

puppet
la marionetta

Guglielmo ha una marionetta in mano.

William has a puppet on his hand.

---

puppy
il cagnolino

Io amo il mio nuovo cagnolino!

I love my new puppy!

---

purple
viola

Il succo d'uva è viola.

Grape juice is purple.

---

purse
la borsetta

Susanna porta la borsetta sulla spalla.

Susan carries her purse on her shoulder.

push
spingere

Stefano
ha spinto via il suo piatto.
Steven pushed his plate away.

put*
mettere

Stefano
si è messo la mano sulla testa.
Steven put his hand on his head.

puzzle
il rompicapo

Questo rompicapo
è troppo difficile.
This puzzle is too hard.

queen
la regina

La regina
porta dei
gioielli e
una corona.
The queen wears
jewels and a crown.

quiet
zitto

Per favore stai zitto.
Please be quiet.

RrRrRrRr

radio
la radio

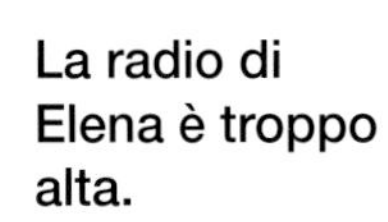

La radio di
Elena è troppo
alta.
Helen's radio is too loud.

raincoat
l'impermeabile (m.)
Susanna ha un
impermeabile
giallo.
Susan has
a yellow raincoat.

rag
lo straccio
Tommaso
ha pulito la
tavola con
uno straccio.
Thomas cleaned
the table with a rag.

rake
il rastrello

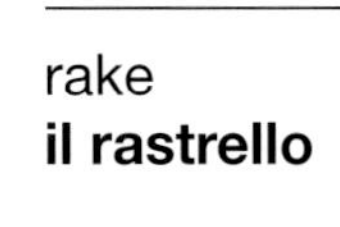

Guglielmo
raccoglie le
foglie con un rastrello.
William rakes the leaves with a rake.

rabbit
il coniglio
L'animale
preferito di
Tommaso è un
coniglio bianco.
Thomas's pet is a white rabbit.

race
fare una corsa
Facciamo una corsa
fino all' albero.
I will race you
to the tree.

race
la corsa
Chi vincerà
questa corsa?
Who will win this race?

rain
la pioggia

La pioggia
è venuta dalle
nuvole scure.
Rain came from the dark clouds.

ranch
la fattoria

I cowboys
vivono nelle fattorie.
Cowboys live on ranches.

rainbow
l'arcobaleno
(m.)

C'era un
arcobaleno nel cielo.
There was a rainbow in the sky.

raspberries
i lamponi
Maria ha mangiato
i lamponi
col gelato.
Mary ate raspberries
with her ice cream.

rat
il topo

Il gatto ha inseguito il topo.
The cat ran after the rat.

read*
leggere

Guglielmo sta leggendo un racconto a Giacomino.
William is reading Jimmy a story.

receive
ricevere

Maria ha ricevuto un regalo da Guglielmo.
Mary received a gift from William.

red
rosso

Le mele, le ciliegie, e i lamponi sono rossi.
Apples, cherries, and raspberries are red.

refrigerator
il frigorifero

Il latte si conserva in frigorifero.
Milk is kept in the refrigerator.

reins
le briglie

Guglielmo guida il cavallo tirando le briglie.
William steers his horse by pulling the reins.

relative
il parente
la parente

Mia zia e mio zio sono due miei parenti.
My aunt and uncle are two of my relatives.

reporter
il cronista
la cronista

Quel cronista scrive per un giornale.
That reporter writes for a newspaper.

reptile
il rettile

I serpenti e gli alligatori sono dei rettili.
Snakes and alligators are reptiles.

restaurant
il ristorante

Stefano e il suo papà hanno cenato in un ristorante.
Steven and his dad ate dinner at a restaurant.

rhinoceros
il rinoceronte

Il rinoceronte è un grosso animale con un corno.
The rhinoceros is a large animal with a horn.

ribbon
il nastro

La madre di Susanna le ha legato un nastro tra i capelli.
Susan's mother tied a ribbon in her hair.

rice
il riso

A Elena piace il pollo col riso.
Helen likes chicken with rice.

ride*
andare

Guglielmo va a scuola in bicicletta.
William rides his bicycle to school.

right
destro

Maria ha messo la mano destra sul cuore.
Mary put her right hand on her heart.

right
giusto

Qual è la via giusta?
Which is the right way?

ring*
suonare

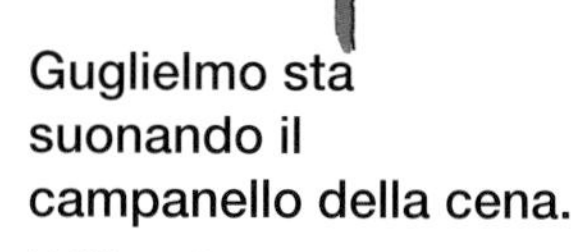

Guglielmo sta suonando il campanello della cena.
William is ringing the dinner bell.

ring
l'anello (m.)

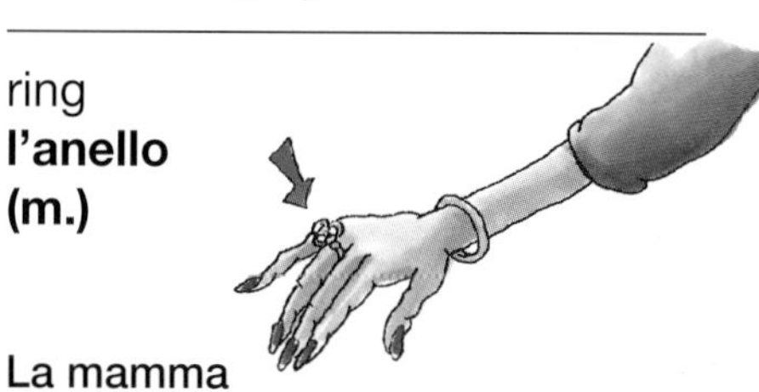

La mamma porta un anello nuziale.
Mom wears a wedding ring.

river
il fiume

Vedi il fiume nella valle?

Do you see the river in the valley?

---

road
la strada

Quella strada conduce nella foresta.

That road goes into the forest.

---

roar
ruggire

Il leone ruggiva perché voleva del cibo.

The lion roared for food.

---

roast
arrostire

Elena ha arrostito un tacchino nel forno.

Helen roasted a turkey in the oven.

roast
l'arrosto (m.)

L'arrosto ha cotto per molte ore!

The roast cooked for hours!

---

robe
la vestaglia

Roberto indossa una vestaglia sopra il pigiama.

Robert wears a robe over his pajamas.

robin
il pettirosso

Le uova dei pettirossi sono blu.

Robins' eggs are blue.

---

rock
la pietra

Maria ha trovato una bella pietra sulla spiaggia.

Mary found a pretty rock on the beach.

---

rock
dondolarsi

Allo zio Edoardo piace molto sedersi e dondolarsi.

Uncle Edward loves to sit and rock.

---

roll
girarsi

Il mio cane è capace di girarsi e alzarsi in piedi.

My dog can roll over and sit up.

---

roller skates
i pattini a rotelle

Elena va veloce sui pattini a rotelle.

Helen goes fast on her roller skates.

---

roof
il tetto

La nostra casa ha un tetto rosso.

Our house has a red roof.

room
la camera

Stefano ha una camera tutta sua.

Steven has his own room.

---

rooster
il gallo

Il gallo è sullo steccato.

The rooster is standing on the fence.

---

rope
la corda

Guglielmo ha legato una corda al suo rimorchio.

William tied a rope to his wagon.

---

rose
la rosa

Le rose hanno un profumo così buono!

Roses smell so good!

---

round
rotondo

Il pallone è rotondo.

The ball is round.

---

rowboat
la barca a remi

Il pescatore è seduto in una barca a remi sul lago.

The fisherman sits in a rowboat on the lake.

rub
strofinare
Tommaso si strofina la faccia con un asciugamano.
Thomas rubs his face with a towel.

rug
il tappeto
Il gatto sta dormendo sul tappeto.
The cat is napping on the rug.

ruler
la riga
Tommaso tira una linea con una riga.
Thomas draws the line with a ruler.

run*
correre
Elena corre più veloce di Susanna.
Helen runs faster than Susan.

runner
il corridore

I corridori stanno andando molto velocemente.
The runners are going very fast.

SsSsSsSs

sack
il sacchetto
Stefano trasporta il suo pranzo in un sacchetto.
Steven carries his lunch in a sack.

sad
triste
Il ragazzino è triste.
The little boy is sad.

saddle
la sella

Elena si è seduta sulla sella del cavallo.
Helen sat in the saddle on the horse.

safe
protetto

Le cinture di sicurezza ci proteggono nella macchina.
Seat belts keep us safe in the car.

safe
la cassaforte

Lo zio Edoardo tiene i soldi in una cassaforte.
Uncle Edward keeps his money in a safe.

sail
veleggiare

Una barchetta veleggiava sul lago.
A small boat sailed on the lake.

sailboat
la barca a vela

Una barca a vela è legata al molo.
A sailboat is tied to the dock.

sailor
il marinaio
I marinai indossano uniformi pulite.
Sailors wear clean uniforms.

salad
l’insalata (f.)

Stefano ha mangiato un’insalata con la cena.
Steven ate a salad with his dinner.

salt
il sale

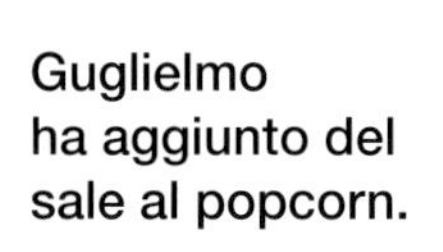

Guglielmo ha aggiunto del sale al popcorn.
William added salt to the popcorn.

sand
la sabbia

Abbiamo costruito un castello di sabbia.
We built a castle from sand.

sandals
i sandali

Susanna porta i sandali d'estate.

Susan wears sandals in the summer.

---

sandbox
il recinto della sabbia

Guglielmo sta giocando nel recinto della sabbia.

William is playing in the sandbox.

---

sandwich
il panino

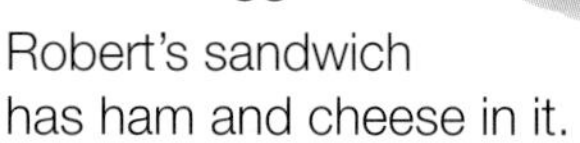

Nel panino di Roberto c'è del prosciutto e del formaggio.

Robert's sandwich has ham and cheese in it.

Santa Claus
Babbo Natale

Babbo Natale ha un regalo per te?

Does Santa Claus have a present for you?

---

saucer
il piattino

Un po' di tè è caduto nel piattino.

Some tea spilled into the saucer.

---

sausage
la salsiccia

Maria ha mangiato salsiccia e uova per colazione.

Mary ate sausage and eggs for breakfast.

saw
segare

Papà ha segato dei pezzi di legna per il fuoco.

Dad sawed logs for the fire.

---

saxophone
il sassofono

Maria sta imparando a suonare il sassofono.

Mary is learning to play the saxophone.

---

scale
la squama

Il mio pesciolino è coperto di squame dorate.

My pet fish is covered with gold scales.

---

scale
la bilancia

L'uomo pesante era sulla bilancia.

The heavy man stood on the scale.

---

scarecrow
lo spaventapasseri

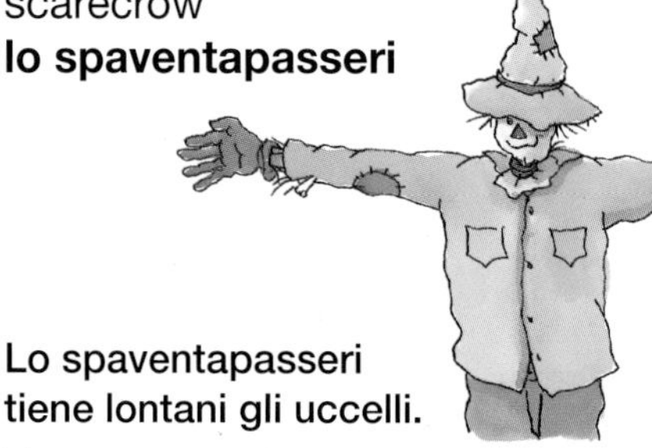

Lo spaventapasseri tiene lontani gli uccelli.

The scarecrow keeps the birds away.

---

scarf*
la sciarpa

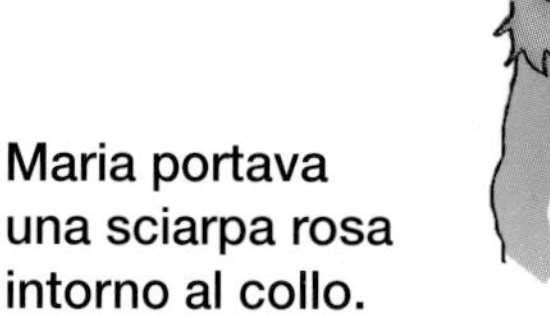

Maria portava una sciarpa rosa intorno al collo.

Mary wore a pink scarf around her neck.

school
la scuola

La scuola è un edificio di mattoni rossi.

The school is a red-brick building.

---

school bus
l'autobus (m.) della scuola

L'autobus della scuola è grande e giallo.

The school bus is big and yellow.

---

scientist
lo scienziato
la scienziata

Lo scienziato sta usando il microscopio.

The scientist is using his microscope.

---

scissors
le forbici

Susanna ha intagliato delle bambole di carta con le forbici.

Susan cut paper dolls with the scissors.

---

screw
la vite

Le viti mantengono insieme le cose.

Screws hold things together.

screwdriver
il cacciavite

Papà sta usando il cacciavite.

Dad is using the screwdriver.

sea
il mare

Le balene e gli squali nuotano nel mare.
Whales and sharks swim in the sea.

---

seal
la foca

La foca riesce a prendere un pallone sul naso.
The seal can catch a basketball on its nose.

---

seashell
la conchiglia

Tommaso ha trovato delle conchiglie sulla spiaggia.
Thomas found some seashells at the beach.

---

seat
il posto

Tommaso occupava un posto vicino alla porta.
Thomas sat in a seat near the door.

---

seat belt
la cintura di sicurezza

Allacciate le cinture di sicurezza nell'aereo.
Wear your seat belt in the airplane.

---

seaweed
l'alga (f.)

Le alghe crescono nell'oceano.
Seaweed grows in the ocean.

---

secretary
la segretaria
il segretario

La segretaria ha un computer sulla sua scrivania.
The secretary has a computer at her desk.

---

see*
vedere

Vedo il treno che arriva.
I can see the train coming.

---

seed
il seme

L'uccello sta mangiando dei semi.
The bird is eating seeds.

---

seesaw
l'altalena (f.) a bilico

L'altalena a bilico va su e giù.
The seesaw goes up and down.

---

sell*
vendere

Stefano vende il gelato nel parco.
Steven sells ice cream in the park.

---

sew*
cucire

Vuoi cucire questo bottone?
Will you sew this button on?

---

sewing machine
la macchina da cucire

La mamma fa dei vestiti con la macchina da cucire.
Mom makes clothes on the sewing machine.

---

shadow
l'ombra (f.)

Il gatto sta giocando con la sua ombra.
The cat is playing with its shadow.

---

shark
lo squalo

Lo squalo ha una pinna sul dorso.
A shark has a fin on its back.

---

sharp
affilato

Stefano ha tagliato il cordino con un coltello affilato.
Steven cut the string with a sharp knife.

---

sheep*
la pecora

La pecora scappò lontano dal cane.
The sheep ran away from the dog.

---

sheet
il lenzuolo

Sul letto di Elena ci sono delle lenzuola pulite.
Helen's bed has clean sheets on it.

shelf*
lo scaffale
I cereali sono sullo scaffale in basso.

The cereal is on the bottom shelf.

ship
la nave

Questa grande nave naviga nell'oceano.
This big ship sails on the ocean.

shipwreck
il relitto

C'è un vecchio relitto sulla spiaggia.
There is an old shipwreck on the beach.

shirt
la maglia
Maria indossa la maglia della sua squadra di baseball.

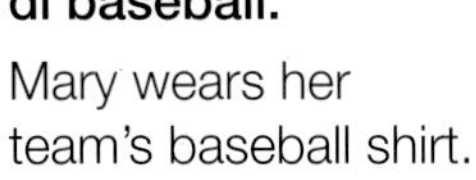

Mary wears her team's baseball shirt.

shoe
la scarpa

Di chi sono queste scarpe rosse?
Whose red shoes are these?

shoelace
il laccio

Le scarpe di Tommaso hanno i lacci neri.
Thomas's shoes have black shoelaces.

shop
il negozio
Guglielmo è in un negozio di giocattoli.
William is in a toy shop.

shop
fare il giro dei negozi
Sta facendo il giro dei negozi alla ricerca di un regalo.
He is shopping for a gift.

shore
la riva

Eravamo seduti sulla riva e guardavamo le barche.
We sat on the shore and watched the boats.

short
basso

Stefano è basso, ma Susanna è alta.
Steven is short, but Susan is tall.

shorts
i pantaloncini
Elena indossa i pantaloncini per giocare a pallone.

Helen wears shorts to play ball.

shoulder
la spalla

Il pappagallo era sulla spalla di Susanna.
The parrot sat on Susan's shoulder.

shovel
la vanga

Il contadino sta scavando con la vanga.
The farmer is digging with a shovel.

show*
mostrare

Stefano ci sta mostrando il suo orologio.
Steven is showing us his watch.

show*
farsi vedere

Il sole si sta facendo vedere un pochino.
The sun is showing a little bit.

shower
la doccia

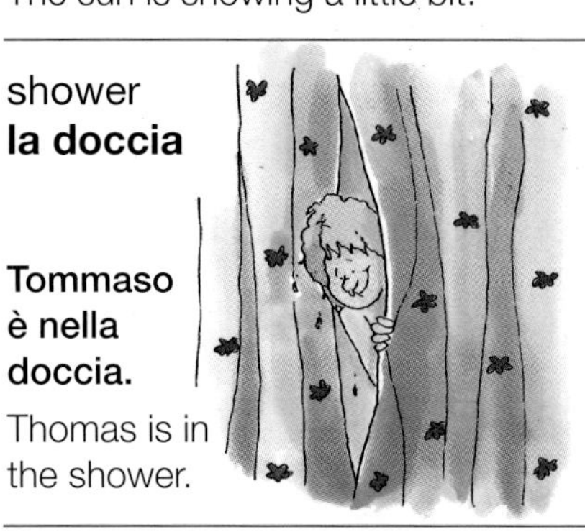

Tommaso è nella doccia.
Thomas is in the shower.

sick
malato

Guglielmo è molto malato.
William is very sick.

side
il fianco

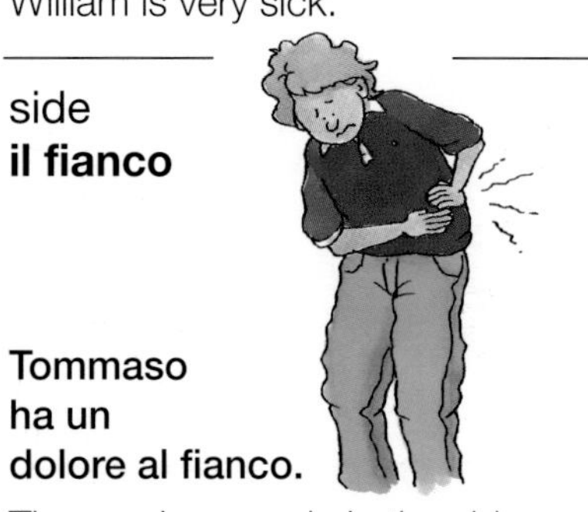

Tommaso ha un dolore al fianco.
Thomas has a pain in the side.

sidewalk
il marciapiede

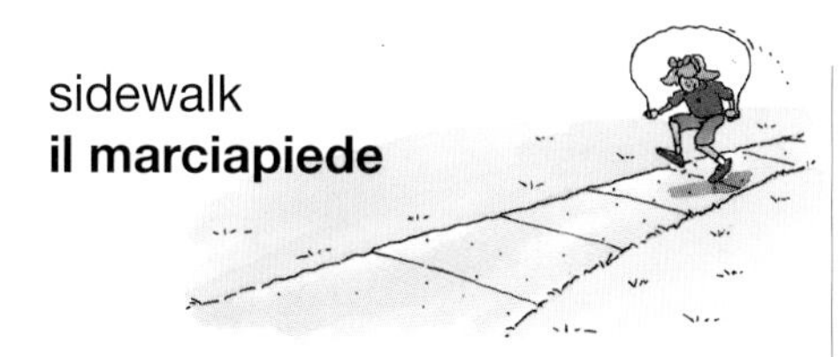

Le ragazze saltano la corda sul marciapiede.
The girls jump rope on the sidewalk.

sign
il cartello

C'è un cartello nel cortile di questa casa.
There is a sign in the yard of this house.

signature
la firma

Maria ha scritto la sua firma sulla carta.
Mary wrote her signature on the paper.

silly
ridicolo

Noi ridiamo quando il nonno si mette un cappello ridicolo.
We laugh when Grandpa wears a silly hat.

silver
argento

Guglielmo ha un anello d'argento.
William has a silver ring.

sing*
cantare

Maria canta per la sua classe.
Mary is singing for her class.

singer
il cantante
la cantante

E' una cantante dalla voce forte.
She is a very loud singer.

sink
il lavandino

Elena ha lavato i piatti nel lavandino.
Helen washed the dishes in the sink.

sister
la sorella

Tengo in braccio la mia sorellina.
I hold my little sister on my lap.

sit*
sedere

Giacomino è seduto eretto su una sedia.
Jimmy sits up straight in the chair.

size
la misura

Questa camicia è la misura giusta?
Is this shirt the right size?

skate
il pattino

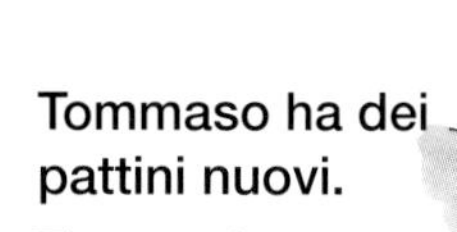

Tommaso ha dei pattini nuovi.
Thomas has some new skates.

skate
pattinare

Sta pattinando sul laghetto.
He is skating on the pond.

skateboard
lo skateboard

Guglielmo sta andando sullo skateboard.
William is riding his skateboard.

ski
lo sci

La mamma ha messo i nostri sci sopra la macchina.
Mom put our skis on the car top.

ski
sciare

Andiamo tutti a sciare.
We are all going skiing.

skirt
la gonna

Sulla mia gonna ci sono dei fiori.
My skirt has flowers on it.

skunk
la puzzola

La puzzola ha un odore terribile.
The skunk has a terrible smell.

sky
il cielo

Il cielo è pieno di nuvole bianche.
The sky is full of white clouds.

skyscraper
il grattacielo

Un grattacielo è un edificio altissimo.
A skyscraper is a very tall building.

---

sled
la slitta

Maria va giù per la collina con la slitta.
Mary is riding her sled down the hill.

---

sleep*
dormire

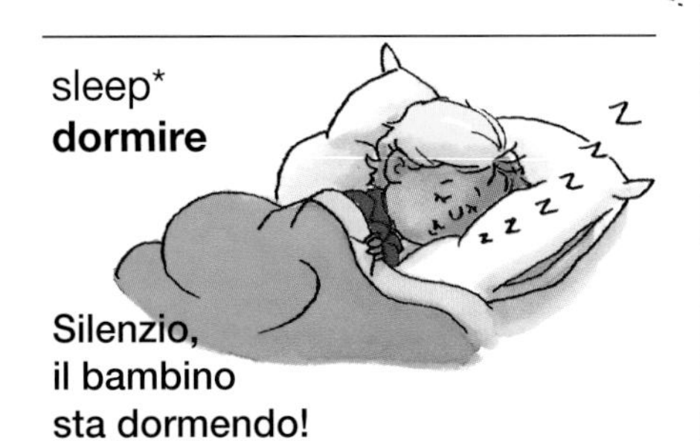

Silenzio, il bambino sta dormendo!
Shhh, the baby is sleeping!

---

sleeve
la manica

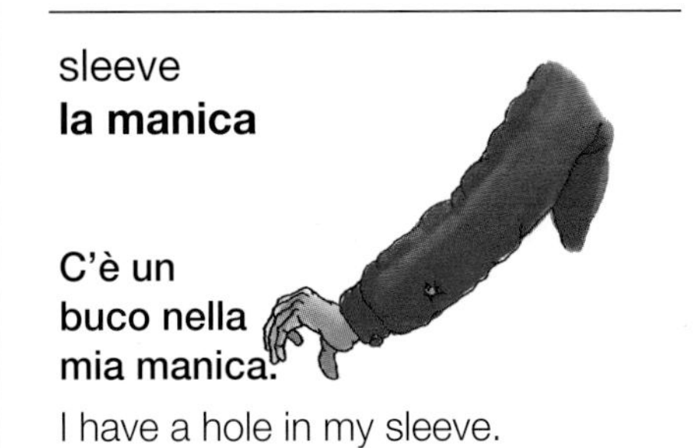

C'è un buco nella mia manica.
I have a hole in my sleeve.

---

slide*
scivolare

I bambini stanno scivolando sul ghiaccio.
The children are sliding on the ice.

---

slow
lento

Le tartarughe sono lente e i conigli sono veloci.
Turtles are slow, and rabbits are fast.

---

small
piccolo

Elena ha un piccolo cucciolo a casa sua.
Helen has a small puppy at her house.

---

smell
l'odore (m.)
Che cos'è questo buon odore?
What is that good smell?

smell
sentire (il profumo)
Si sente il profumo del pane che sta cuocendo.
You smell the bread baking.

---

smile
sorridere
Maria mi ha sorriso.
Mary smiled at me.

smile
il sorriso
Ha un bel sorriso.
She has a pretty smile.

---

smoke
il fumo

Dove c'è il fumo c'è il fuoco.
Where there is smoke, there is fire.

---

snack
lo spuntino

Tommaso ha fatto uno spuntino dopo la scuola.
Thomas ate a snack after school.

---

snail
la lumaca

La lumaca è molto lenta.
The snail is very slow.

---

snake
il serpente

I serpenti sono rettili puliti e asciutti.
Snakes are clean, dry reptiles.

---

sneeze
starnutire

I fiori fanno starnutire Maria.
Flowers make Mary sneeze.

---

snow
la neve

Guglielmo sta togliendo la neve dal marciapiede.
William is cleaning the snow off the sidewalk.

---

snowball
la palla di neve

Elena ha lanciato una palla di neve a suo fratello.
Helen threw a snowball at her brother.

---

snowflake
il fiocco di neve

Durante la bufera cadono molti fiocchi di neve.
Many snowflakes fall in a snowstorm.

snowman*
il pupazzo di neve

I bambini hanno costruito un pupazzo di neve nel cortile.

The children built a snowman in the yard.

---

snowstorm
la tormenta

La scorsa notte c'è stata una tormenta.

There was a snowstorm last night.

---

soap
il sapone

Maria si strofina le mani col sapone.

Mary rubs the soap on her hands.

---

socks
i calzini

Maria indossa dei calzini gialli.

Mary is wearing yellow socks.

---

sofa
il sofà

Eravamo seduti sul sofà vicino al caminetto.

We sat on the sofa near the fireplace.

---

soft
soffice

La pelliccia del gatto è soffice.

A cat's fur is soft.

---

soft drink
la bibita

Roberto ha messo del ghiaccio nella bibita.

Robert put ice in his soft drink.

---

some
alcuni

Alcuni boccioli sono aperti.

Some blossoms are open.

---

somersault
la capriola

Elena sa fare le capriole.

Helen can do a somersault.

---

son
il figlio

Quella donna ha un figlio.

That woman has a son.

---

soon
presto

Presto dovrò andare a letto.

I must go to bed soon.

---

soup
la minestra

Stefano ha mangiato minestra di pomodori con i cracker.

Steven ate tomato soup and crackers.

---

space
lo spazio

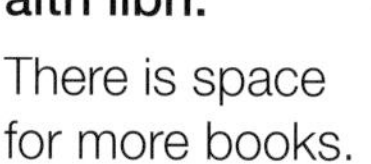

C'è spazio per altri libri.

There is space for more books.

---

spaceship
l'astronave (f.)

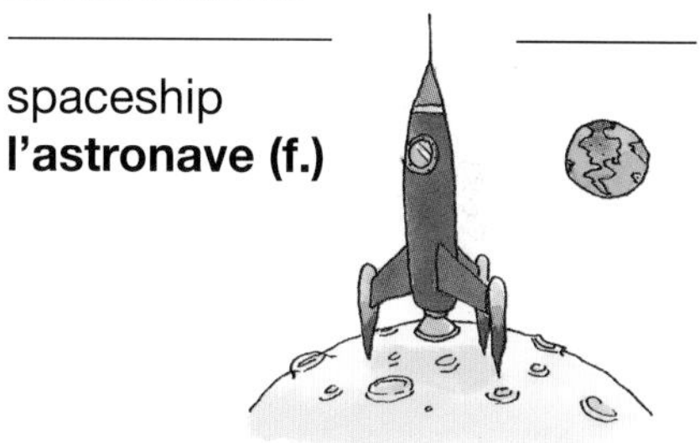

Quest'astronave è sulla luna.

This spaceship is on the moon.

---

sparrow
il passero

Ci sono due passeri sull'albero.

There are two sparrows in the tree.

---

speak*
parlare

Roberto sta parlando a Elena.

Robert is speaking to Helen.

---

spider
il ragno

Un grosso ragno nero saliva per la parete.

A large, black spider ran up the wall.

spiderweb
la ragnatela

C'è una ragnatela nell'angolo.
There is a spiderweb in the corner.

---

spill
rovesciare

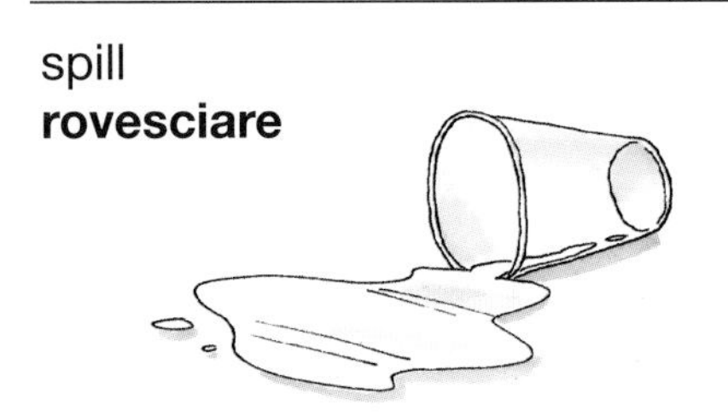

Chi ha rovesciato il latte?
Who spilled the milk?

---

spin*
girare

La trottola gira forte.
The top is spinning very fast.

---

spinach
gli spinaci

Elena ha piantato degli spinaci nell'orto.
Helen planted spinach in the garden.

---

spoke
il raggio

Alcuni raggi sono rotti.
Some spokes are broken.

---

sponge
la spugna

Tommaso ha asciugato il tavolo bagnato con una spugna.
Thomas wiped the wet table with a sponge.

---

spoon
il cucchiaino

Il nonno mescola il caffè con un cucchiaino.
Grandfather stirs his coffee with a spoon.

---

sports
lo sport

Roberto ama lo sport.
Robert loves sports.

---

spot
la macchia

Il mio cane è bianco con le macchie nere.
My dog is white with black spots.

---

spotlight
riflettore

Il cantante è sotto i riflettori.
The singer stands in the spotlight.

---

spread*
spalmare

Maria ha spalmato il burro sul pane caldo.
Mary spread butter on the hot bread.

---

spring
la primavera

I fiori sbocciano in primavera.
Flowers come out in the spring.

---

sprinkler
innaffiatore

Un innaffiatore bagna il cortile.
A sprinkler waters the yard.

---

square
il quadrato

Quanti quadrati ci sono?
How many squares are there?

---

squeeze
spremere

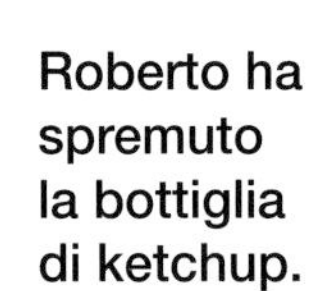

Roberto ha spremuto la bottiglia di ketchup.
Robert squeezed the ketchup bottle.

---

squirrel
lo scoiattolo

Uno scoiattolo è salito sull'albero.
A squirrel ran up the tree.

---

stable
la stalla

I cavalli dormono nella stalla.
The horses sleep in the stable.

---

stage
il palco-scenico

La banda è seduta sul palcoscenico.
The band sits on the stage.

stairs
le scale

Elena ha salito le scale per andare in camera.

Helen walked up the stairs to her bedroom.

stamp
pestare

Maria era arrabbiata e pestava con i piedi.

Mary was angry and stamped her foot.

---

stamp
il francobollo

Il francobollo va sulla busta.

The stamp goes on the envelope.

---

stand*
stare

Per favore stai su dritto!

Please stand up straight!

---

stapler
la cucitrice

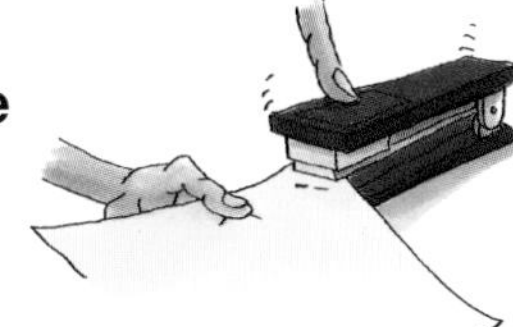

La cucitrice è vuota.

The stapler is empty.

---

staples
i punti

Maria sta mettendo dei punti nella cucitrice.

Mary is putting staples in the stapler.

---

star
la stella

Di notte vediamo le stelle.

We see the stars at night.

---

starfish*
la stella di mare

Elena ha trovato una stella di mare sulla spiaggia.

Helen found a starfish on the beach.

---

statue
la statua

La statua è senza testa.

The statue has no head.

---

steak
la bistecca

Il mio papà cuoce le bistecche con i funghi.

My dad cooks steak with mushrooms.

---

steer
guidare

Maria guidava la bicicletta intorno alla buca.

Mary steered the bicycle around the hole.

---

stem
lo stelo

I fiori hanno degli steli lunghissimi.

The flowers have very long stems.

---

step
lo scalino

Giacomino è salito due scalini.

Jimmy went up two steps.

---

stereo
lo stereo

Guglielmo ascolta lo stereo.

William listens to the stereo.

---

stethoscope
lo stetoscopio

Il medico ascolta il mio cuore con uno stetoscopio.

The doctor listens to my heart with a stethoscope.

---

stick
il bastone

Elena ha lanciato il bastone per farlo acchiappare dal cane.

Helen threw a stick for her dog to catch.

---

stilts
i trampoli

L'uomo sui trampoli è alto quanto il tetto.

The man on stilts is as tall as the roof.

---

stir
girare

La zia Alice gira il sugo.

Aunt Alice is stirring the gravy.

stirrups
le staffe

Infila i piedi nelle staffe.

Slide your feet into the stirrups.

---

stone
la pietra

Il muro era fatto di pietre.

The wall was made of stones.

---

stop
fermare

Abbiamo fermato la macchina al semaforo rosso.

We stopped the car for the red light.

---

stop sign
lo stop

C'è uno stop all'angolo.

There is a stop sign at the corner.

---

storm
la tempesta

Con la tempesta sono arrivati pioggia, lampi, e vento.

Rain, lightning, and wind came with the storm.

---

stove
il fornello

La mia mamma cucina i cereali sul fornello.

My mom cooks hot cereal on the stove.

---

straight
liscio

I capelli di Maria sono lisci.

Mary's hair is straight.

---

straw
la cannuccia

Stefano beve il latte con una cannuccia.

Steven drinks milk with a straw.

---

strawberry
la fragola

Abbiamo mangiato le fragole col gelato.

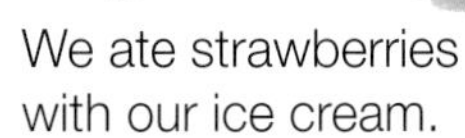

We ate strawberries with our ice cream.

---

stream
il ruscello

Elena e Susanna hanno saltato il ruscello.

Helen and Susan jumped over the stream.

---

street
la strada

Questa strada è per le macchine, non per i camion.

This street is for cars, not trucks.

---

string
lo spago

Roberto ha legato i pacchetti con lo spago.

Robert tied the packages with string.

---

stripe
la striscia

Quella bandiera ha delle strisce rosse e bianche.

That flag has red and white stripes on it.

---

stroller
il passeggino

Il bambino è sul passeggino.

The baby is in the stroller.

---

strong
forte

Gli elefanti sono molto forti.

Elephants are very strong.

---

student
lo studente, la studentessa

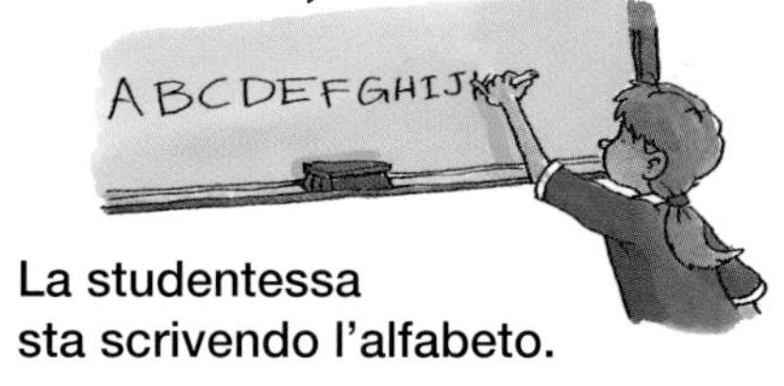

La studentessa sta scrivendo l'alfabeto.

The student is writing the alphabet.

---

submarine
il sottomarino

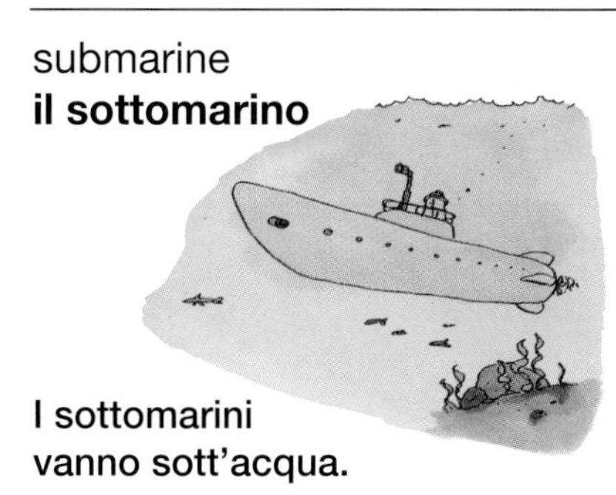

I sottomarini vanno sott'acqua.

Submarines run under the ocean.

---

suds
la schiuma

L'acqua e la schiuma si sono rovesciate sul pavimento.

Water and suds spilled on the floor.

sugar
lo zucchero

Susanna
mette dello
zucchero sui cereali.

Susan puts sugar on her cereal.

---

suit
il vestito

Il mio
vestito ha
pantaloni
e giacca.

My suit has pants and a jacket.

---

suitcase
la valigia

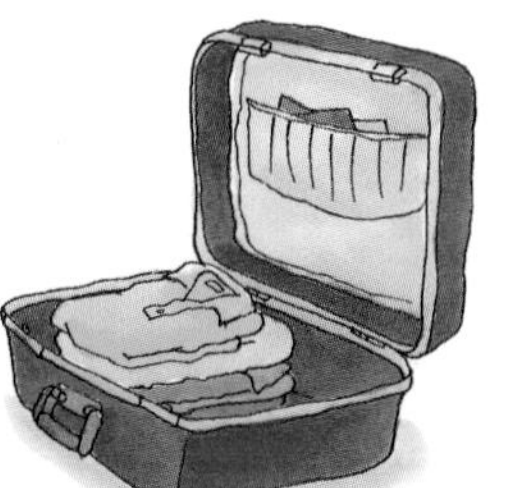

Nella valigia
c'è posto
per altre
camicie.

There is space in the
suitcase for more shirts.

---

summer
l'estate (f.)

Fa bel tempo d'estate.

The weather is hot in the summer.

---

sun
il sole

Il sole illumina la Terra.

The sun lights up the Earth.

---

sunrise
l'alba (f.)

Gli uccelli
cantano all'alba.

The birds sing at sunrise.

---

sunset
il tramonto

I tramonti d'inverno
possono essere belli.

Winter sunsets can be beautiful.

---

supermarket
il supermercato

La mamma
compra il
cibo al
supermercato.

Mom buys our food
at the supermarket.

---

surround
circondare

Dei cespugli circondano il cortile.

Bushes surround the yard.

---

swan
il cigno

I cigni
vivono nel laghetto al parco.

Swans live in the pond at the park.

---

sweater
il maglione

La mia nonna mi
ha regalato un
maglione nuovo.

My grandmother gave
me a new sweater.

---

sweatpants
i pantaloni felpati

Tommaso
ha ricevuto
dei pantaloni
felpati per il suo
compleanno.

Thomas received
sweatpants for his birthday.

---

sweatshirt
la felpa

Maria indossò
la felpa.

Mary pulled on
her sweatshirt.

---

sweep*
spazzare

Guglielmo
spazza il pavimento.

William is sweeping the floor.

---

swim*
nuotare

Elena nuota
veloce come un pesce!

Helen swims as fast as a fish!

---

swing
l'altalena (f.)

Roberto ha
un'altalena
appesa
all'albero.

Robert has
a swing in his tree.

swing
dondolarsi

Stefano si
dondola.

Steven is swinging on it.

Tt *Tt* Tt *Tt*

table
il tavolo

Facciamo colazione sul tavolo della cucina.
We eat breakfast at the kitchen table.

tablecloth
la tovaglia

Maria ha messo una tovaglia sul tavolo.
Mary spread a tablecloth on the table.

tadpole
il girino

Questo girino diventerà una rana!
This tadpole will grow into a frog!

tail
la coda

Il leone ha una coda lunghissima.
The lion has a very long tail.

take*
prendere

Elena ha preso due pezzi.
Helen took two pieces.

talk
parlare

Tommaso sta parlando al telefono.
Thomas is talking on the telephone.

tall
alto

Un albero è molto alto.
One tree is very tall.

target
il bersaglio

Elena ha colpito il bersaglio con la freccia.
Helen hit the target with her arrow.

taxi
il taxi

Roberto è andato all'aeroporto in taxi.
Robert rode to the airport in a taxi.

tea
il tè

La mamma beve il tè col limone.
My mom drinks her tea with lemon.

teach*
insegnare

Susanna sta insegnando a Maria a giocare a tennis.
Susan is teaching Mary to play tennis.

teacher
l'insegnante (m., f.)

Susanna è una brava insegnante.
Susan is a good teacher.

team
la squadra

Nella mia squadra ci sono ragazze e ragazzi.
There are girls and boys on my team.

teeth
i denti

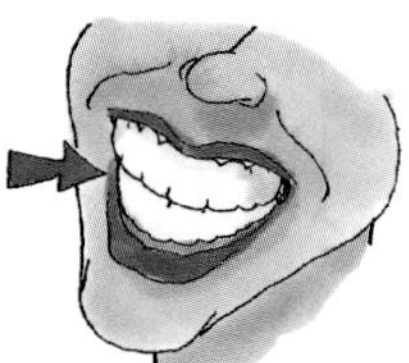

Ti vedo i denti quando sorridi.
I see your teeth when you smile.

telephone
il telefono

Maria ha un telefono vicino al letto.
Mary has a telephone near her bed.

television
il televisore

Il nonno ha un televisore nel suo laboratorio.
Grandpa has a television in his workshop.

tell*
dire

Guglielmo ha detto al suo cane di andare a casa.
William told his dog to go home.

teller
il cassiere
la cassiera

La cassiera ha dato a Tommaso i suoi soldi.
The teller gave Thomas his money.

tennis
il tennis

Guglielmo e Stefano stanno giocando a tennis.
William and Steven are playing tennis.

tennis racket
la racchetta

Guglielmo ha in mano la racchetta.
William is holding his tennis racket.

tent
la tenda

Le ragazze dormivano in una grossa tenda.
The girls slept in a large tent.

tentacle
il tentacolo

Le braccia del polpo si chiamano tentacoli.
Octopus arms are called tentacles.

terrible
terribile

Che cos'è stato quel rumore terribile?
What was that terrible noise?

than
di

Susanna è più grande di Giacomino.
Susan is bigger than Jimmy.

thank you
grazie

Grazie per aver detto "per favore."
Thank you for saying "please."

there
lì

Per favore mettilo lì.
Please put it there.

thermometer
il termometro

Il termometro indica quanto fa caldo.
The thermometer shows how hot it is.

thin
magro

Elena è troppo magra per mettersi la mia cintura.
Helen is too thin to wear my belt.

thing
la cosa

Che cos'è questa cosa?
What is this thing?

think*
pensare

Stefano sta pensando al suo compleanno.
Steven is thinking of his birthday.

thread
il filo

Il filo passa attraverso la cruna.
The thread goes through the eye of the needle.

throne
il trono

Il re e la regina sono seduti sul trono.
The king and queen sit on their thrones.

through
attraverso

Guglielmo è passato attraverso la porta.
William walked through the door.

throw*
lanciare

Lanciami la palla.
Throw the basketball to me.

thumb
il pollice

Papà si è dato una martellata sul pollice.
Dad hit his thumb with the hammer.

ticket
il biglietto

Tommaso ha un biglietto per vedere il film.
Thomas has a ticket to see the movie.

tie
legare

Il contadino ha legato il toro allo steccato.
The farmer tied the bull to the fence.

---

tie
la cravatta

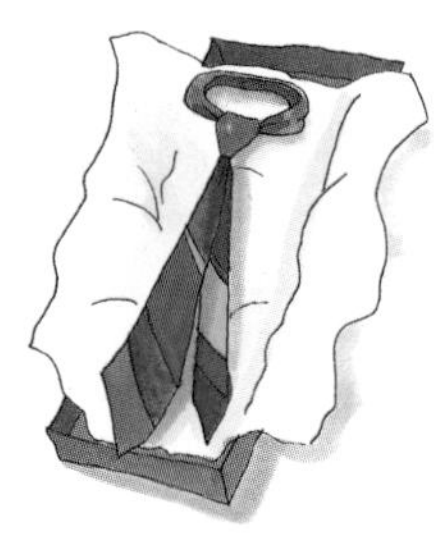

Questa cravatta è per il compleanno di papà.
This tie is for Dad's birthday.

---

tiger
la tigre

Le tigri cercano il cibo nella giungla.
Tigers hunt for food in the jungle.

---

tightrope
la corda tesa

C'è una rete sotto la corda tesa.
There is a net under the tightrope.

---

time
il tempo

Di quanto tempo hai bisogno?
How much time do you need?

---

tire
il pneumatico

I pneumatici di questo trattore sono alti quanto mio padre.
The tires on this tractor are as tall as my dad.

---

to
a

E' ora di andare a letto.
It is time to go to bed.

---

toad
il rospo

Questo rospo non può farti del male.
This toad cannot hurt you.

---

toast
il pane tostato

Maria ha spalmato della marmellata d'uva sul pane tostato.
Mary spread grape jam on her toast.

---

toaster
il tostapane

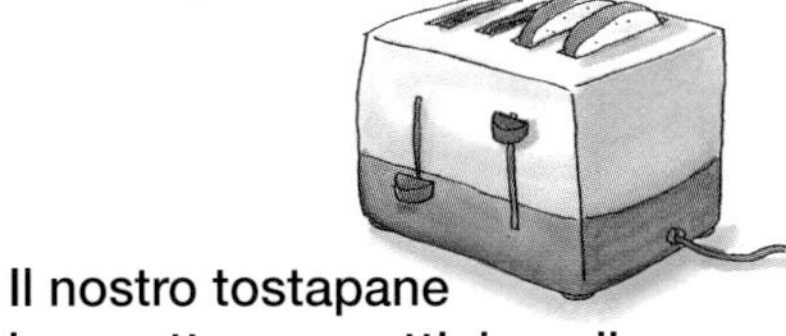

Il nostro tostapane ha quattro cassettini per il pane.
Our toaster has four holes for bread.

---

toe
il dito

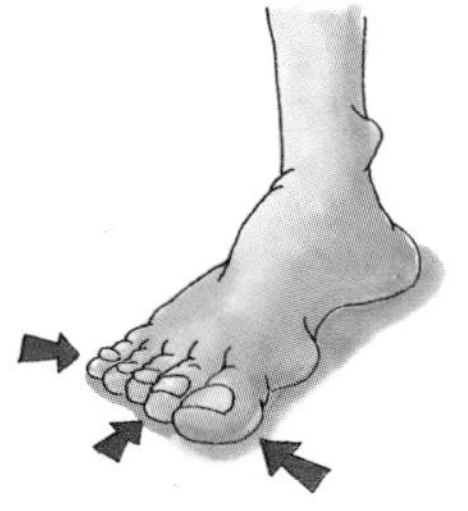

Tutti hanno cinque dita per piede.
People have five toes on each foot.

---

together
insieme

Susanna e Tommaso sono insieme.
Susan and Thomas are standing together.

---

toilet
il gabinetto

Il gabinetto è vicino al lavandino.
The toilet is near the sink.

---

tomato
il pomodoro

Guglielmo ha tagliato un pomodoro per l'insalata.
William cut up a tomato for the salad.

---

tongue
la lingua

La lingua di Guglielmo è viola.
William's tongue is purple.

---

toolbox
la cassetta degli attrezzi

Il falegname porta una cassetta degli attrezzi nel furgoncino.
The carpenter carries a toolbox in his truck.

---

tooth*
il dente

Il bambino ha il suo primo dente.
The baby has his first tooth.

---

toothbrush
lo spazzolino

Il dentista mi ha dato uno spazzolino nuovo.
The dentist gave me a new toothbrush.

toothpaste
il dentifricio

Giacomino
stava mangiando il dentifricio.

Jimmy was eating the toothpaste.

(on) top (of)
sopra

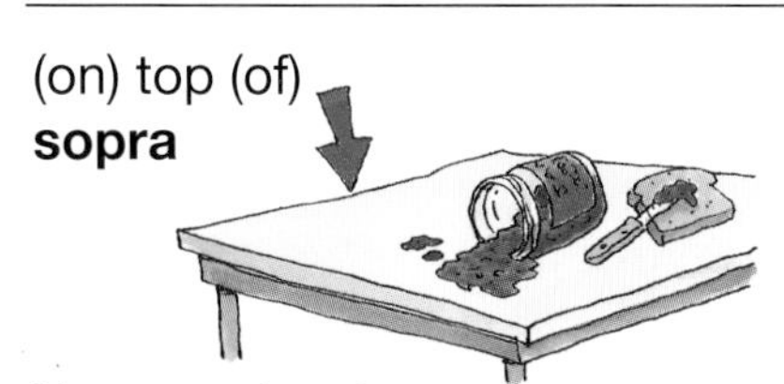

Ho rovesciato la
marmellata sopra il tavolo.

I spilled jam on top of the table.

---

top
la trottola

Questa trottola
gira velocissima.

This top is spinning very fast.

---

top hat
il cappello a cilindro

Il ballerino
ha in testa
un cappello
a cilindro.

The dancer is
wearing a top hat.

---

tornado
il turbine

Il turbine
ha colpito la cittadina.

The tornado swept through the town.

---

towel
la salvietta

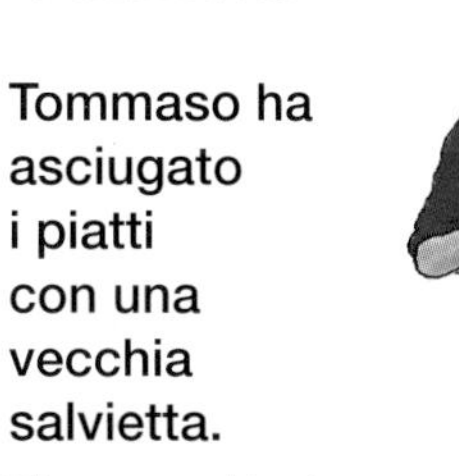

Tommaso ha
asciugato
i piatti
con una
vecchia
salvietta.

Thomas dried
the dishes with an old towel.

---

tower
la torre

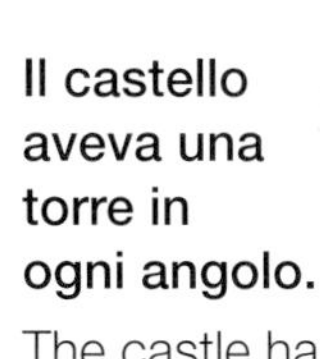

Il castello
aveva una
torre in
ogni angolo.

The castle had
a tower at each corner.

---

town
la città

La nostra città è molto carina.

Our town is very pretty.

---

toy
il giocattolo

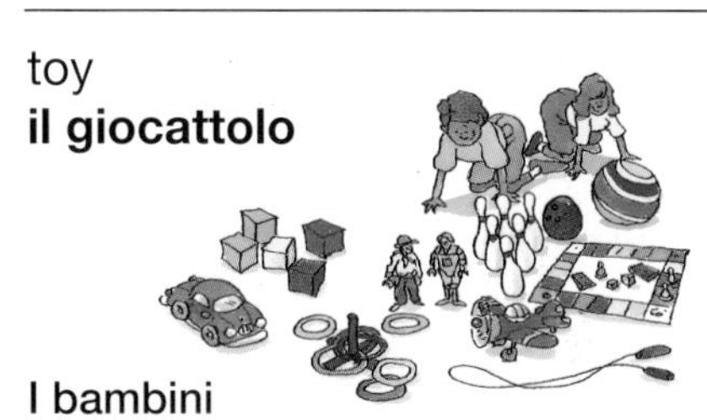

I bambini
hanno sparso tutti i loro giocattoli.

The children spread all their toys out.

---

toy store
il negozio di giocattoli

Maria
ha comprato
una bambola
al negozio
di giocattoli.

Mary bought a doll at the toy store.

---

tractor
il trattore

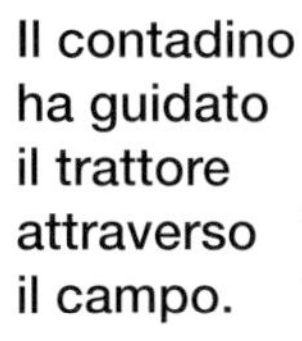

Il contadino
ha guidato
il trattore
attraverso
il campo.

The farmer drove
the tractor around the field.

---

traffic jam
l'ingorgo (m.)

C'è un ingorgo in città.

There is a traffic jam in the city.

---

traffic light
il semaforo

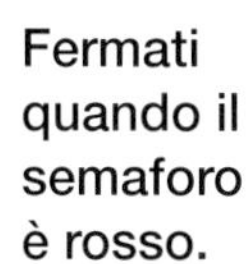

Fermati
quando il
semaforo
è rosso.

Stop when the traffic light is red.

---

train
il treno

Il treno non è partito in orario.

The train did not leave on time.

---

train station
la stazione ferroviaria

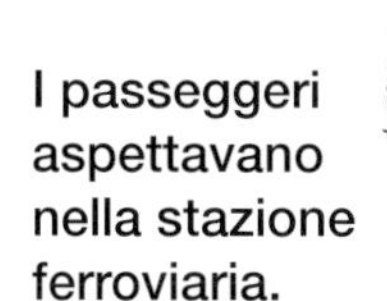

I passeggeri
aspettavano
nella stazione
ferroviaria.

The passengers
waited at the train station.

---

trampoline
il trampolino

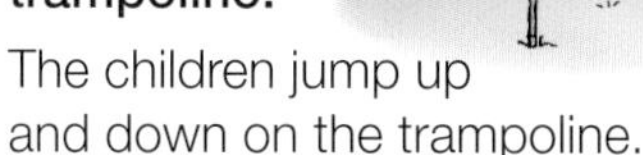

I bambini
saltano
su e giù sul
trampolino.

The children jump up
and down on the trampoline.

---

trapeze
il trapezio

Susanna è
sospesa al
trapezio per
le ginocchia.

Susan hangs
by her knees on the trapeze.

---

tray
il vassoio

Il cameriere
ha portato
il cibo
sul vassoio.

The waiter carried
our food on a tray.

treasure
il tesoro

Stefano sta cercando il tesoro sulla spiaggia.

Steven is digging for treasure on the beach.

---

tree
l'albero (m.)

C'è un albero vicino alla chiesa.

There is a tree by the church.

---

tricycle
il triciclo

Di chi è il triciclo nel viale d'ingresso?

Whose tricycle is in the driveway?

---

trombone
il trombone

Roberto mi sta insegnando a suonare il trombone.

Robert is teaching me to play the trombone.

---

trophy
il trofeo

Susanna ha vinto un trofeo perché è arrivata prima.

Susan won a trophy for being first.

---

trousers
i pantaloni

Papà indossa i pantaloni per andare a lavorare.

Dad wears trousers to work.

---

truck
il camion

Il camion è pieno di scatole che vengono dalla fabbrica.

The truck is full of boxes from the factory.

---

trumpet
la tromba

L'insegnante di musica ha dato una tromba a Susanna.

The music teacher gave Susan a trumpet.

---

trunk
la proboscide

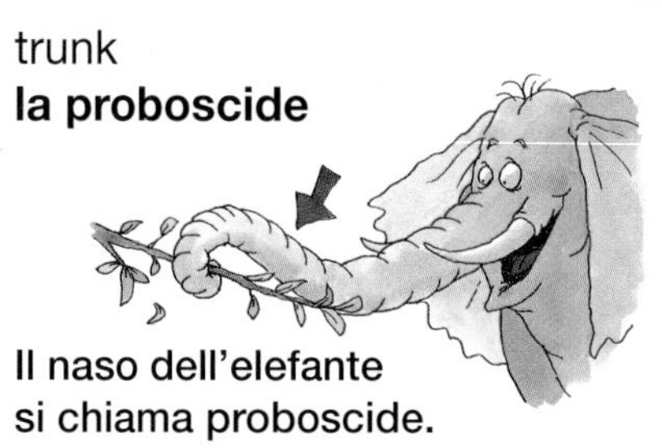

Il naso dell'elefante si chiama proboscide.

The elephant's nose is called a trunk.

---

trunk
il portabagagli

Le valigie sono nella portabagagli della macchina.

The suitcases are in the trunk of the car.

---

trunk
il baule

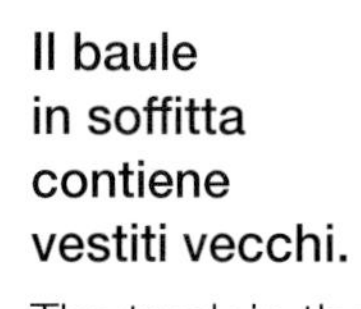

Il baule in soffitta contiene vestiti vecchi.

The trunk in the attic contains old clothing.

---

trunks
i pantaloncini

I pantaloncini di Roberto sono rossi.

Robert's trunks are red.

---

tuba
la tuba

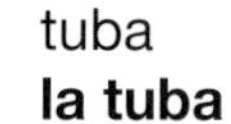

Tommaso è seduto su una sedia per suonare la tuba.

Thomas sits on a chair to play his tuba.

---

tugboat
il rimorchiatore

Dei rimorchiatori stanno spingendo la nave fuori dalla baia.

Tugboats are pushing the ship out of the bay.

---

tuna
il tonno

Il tonno è un pesce molto grosso.

The tuna is a very large fish.

---

turkey
il tacchino

Il tacchino è un uccello molto grosso.

The turkey is a very large bird.

---

turtle
la tartaruga

Le tartarughe nuotano nel laghetto.

Turtles swim in the pond.

---

tusk
la zanna

L'elefante ha due zanne.

An elephant has two tusks.

tuxedo
lo smoking
Mio zio indossa uno smoking per andare al ballo.
My uncle is wearing a tuxedo to the dance.

type
scrivere a macchina

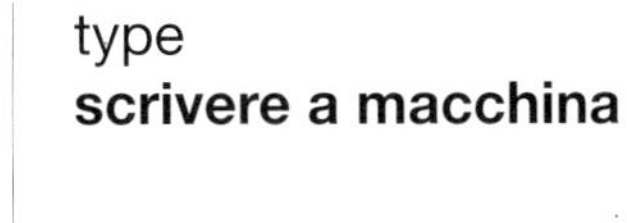

Maria sta imparando a scrivere a macchina.
Mary is learning to type.

typewriter
la macchina da scrivere
La segretaria scrive delle lettere con la sua macchina da scrivere.
The secretary writes letters on her typewriter.

UuUuUuUu

umbrella
l'ombrello (m.)

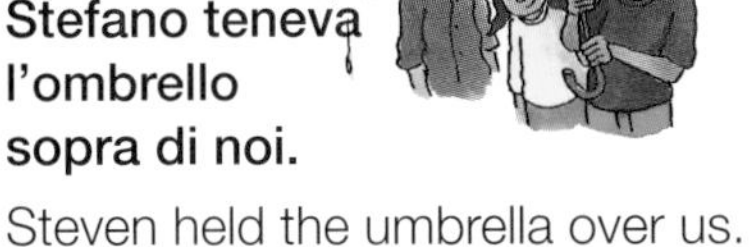

Stefano teneva l'ombrello sopra di noi.
Steven held the umbrella over us.

umpire
l'arbitro (m.)

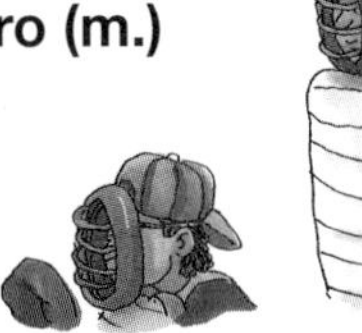

L'arbitro osserva attentamente.
The umpire watches carefully.

uncle
lo zio

Lo zio di Elena è il fratello di sua madre.
Helen's uncle is her mother's brother.

under
sotto

Giacomino è sotto il tavolo.
Jimmy is under the table.

underwear
le mutandine
La mamma di Stefano gli ha comprato delle mutandine nuove.
Steven's mom bought him new underwear.

unicorn
l'unicorno (m.)
L'unicorno aveva un corno sulla testa.
The unicorn had a horn on its head.

uniform
l'uniforme (f.)

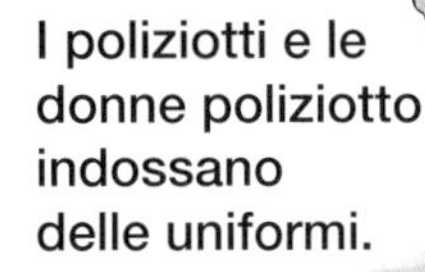

I poliziotti e le donne poliziotto indossano delle uniformi.
Policemen and policewomen wear uniforms.

up
su
Guglielmo guardò su nel cielo.
William looked up at the sky.

use
usare
Susanna sta usando la matita.
Susan is using her pencil.

use
l'uso (m.)
Ne sta facendo buon uso.
She is putting it to a good use.

VvVvVvVv

vacuum cleaner
l'aspirapolvere (m.)

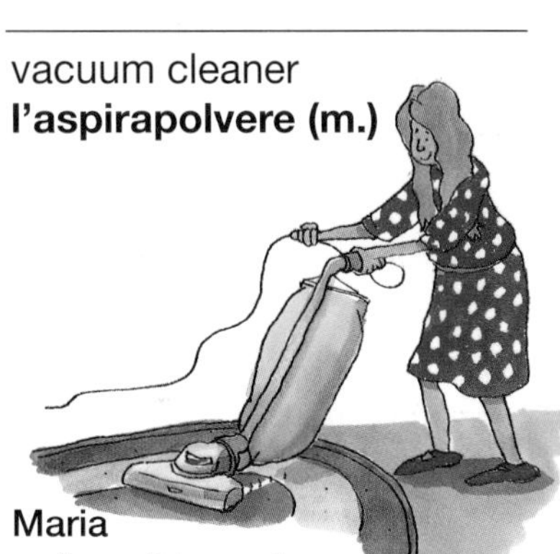

Maria pulisce il tappeto con l'aspirapolvere.
Mary cleans the rug with the vacuum cleaner.

valley
la valle

La valle si trova tra due montagne.
The valley is between two mountains.

van
il pulmino

La squadra va alla partita in pulmino.
The team rides to the game in a van.

vase
il vaso

C'è un vaso di fiori sul tavolo.
There is a vase of flowers on the table.

vegetable
la verdura

I piselli, gli spinaci, e la lattuga sono verdure.
Peas, spinach, and lettuce are green vegetables.

vegetable garden
l'orto (m.)

La nonna sta piantando nell'orto.
Grandmother is planting a vegetable garden.

very
molto

Guglielmo è molto stanco.
William is very tired.

veterinarian
il veterinario

Il veterinario aiuta gli animali malati.
The veterinarian helps sick animals.

village
il paese

Susanna abita in un paesino vicino alla città.
Susan lives in a small village near the city.

violin
il violino

Elena tiene il violino sotto il mento.
Helen holds the violin under her chin.

volleyball
la pallavolo

Abbiamo giocato a pallavolo sulla spiaggia.
We played volleyball on the beach.

WwWwWwWw

wade
guadare

Tommaso sta guadando la piscina.
Thomas is wading in the pool.

wagon
il carrello

Elena sta tirando un carrello.
Helen is pulling a wagon.

waist
la vita

Stefano ha una cintura intorno alla vita.
Steven has a belt around his waist.

wait
aspettare

Maria sta aspettando l'autobus.
Mary is waiting for the bus.

waiter
il cameriere

Il cameriere mi ha dato la lista.
The waiter gave me a menu.

waiting room
la sala d'aspetto

La sala d'aspetto è piena.
The waiting room is full.

waitress
la cameriera

La cameriera mi ha riempito il bicchiere di acqua.
The waitress filled my glass with water.

walk
camminare

La madre cammina e i bambini corrono.
Mother walks, and the children run.

wall
la parete

C'è un quadro appeso alla parete.
A picture hangs on the wall.

---

wallet
il portafoglio

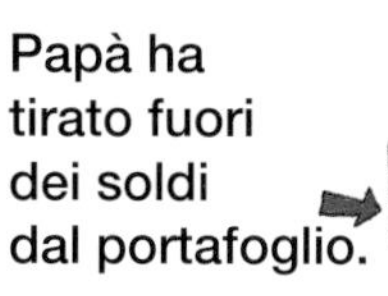

Papà ha tirato fuori dei soldi dal portafoglio.
Dad pulled some money out of his wallet.

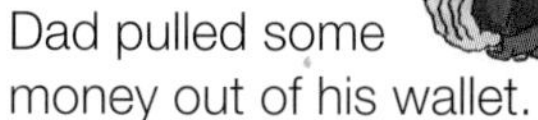

---

walrus
il tricheco

Il tricheco nuota nell'acqua fredda.
A walrus swims in cold water.

---

want
volere

Vuoi leggere questo?
Do you want to read this?

---

warm
caldo

Fa caldo vicino al fuoco.
It is warm by the fire.

---

wash
lavare

Susanna si è lavata la faccia ed è andata a letto.
Susan washed her face and went to bed.

---

washing machine
la lavatrice

I jeans di Maria sono in lavatrice.
Mary's jeans are in the washing machine.

---

wasp
la vespa

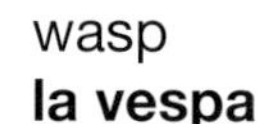

Le vespe hanno fatto un nido nella nostra veranda.
Wasps built a nest on our porch.

---

wastebasket
il cestino dei rifiuti

La nonna ha buttato gli stracci nel cestino dei rifiuti.
Grandma threw the rags in the wastebasket.

---

watch
guardare

Guardo la partita di football in televisione.
I watch the football game on television.

---

watch
l'orologio (m.)

Roberto ha regalato alla mamma un orologio per il suo compleanno.
Robert gave Mom a watch for her birthday.

---

water
l'acqua (f.)

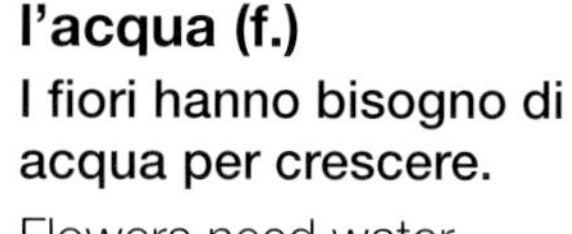

I fiori hanno bisogno di acqua per crescere.
Flowers need water to grow.

water
annaffiare

Elena sta annaffiando i fiori.
Helen is watering the flowers.

---

waterfall
la cascata

Una cascata scende dal lato della montagna.
A waterfall comes down the side of the mountain.

---

watermelon
il cocomero

La zia Alice ha affettato il cocomero.
Aunt Alice cut up the watermelon.

---

wave
fare un cenno

Maria ha fatto un cenno a suo padre.
Mary waved to her father.

---

wave
l'onda (f.)

Il vento soffia sull'oceano e crea le onde.
The wind blows the ocean into waves.

---

way
la strada

Questa è la strada di scuola.
This is the way to school.

---

wear*
indossare

Le persone indossano degli abiti, ma gli animali no.
People wear clothing, but animals do not.

weather
il tempo

Il tempo cambia spesso.
The weather changes often.

---

wedding
le nozze

Elena era alle nozze di sua sorella.
Helen was in her sister's wedding.

---

weed
togliere le erbacce
Devo togliere le erbacce in giardino!
I have to weed the garden!

weed
l'erbaccia (f.)
Ci sono molte erbacce nel mio giardino.
There are many weeds in my garden.

---

week
la settimana

Ci sono sette giorni in una settimana.
There are seven days in a week.

---

welcome
dare il benvenuto

Abbiamo dato a Guglielmo il benvenuto nella nostra casa.
We welcomed William to our house.

---

well
bene

Roberto sta bene.
Robert is well and healthy.

---

well
il pozzo

I ragazzi hanno bevuto l'acqua del pozzo.
The boys drank water from the well.

---

wet
bagnato

I capelli di Stefano sono bagnati.
Steven's hair is wet.

---

whale
la balena

Le balene sono animali molto grossi.
Whales are very large animals.

---

what
che cosa

Che cos'è questo?
What is this?

---

wheat
il grano

La farina si fa con il grano.
Flour is made from wheat.

---

wheel
la ruota

La mia bicicletta ha due ruote.
My bicycle has two wheels.

---

wheelchair
la sedia a rotelle

La zia Alice usa una sedia a rotelle.
Aunt Alice uses a wheelchair.

---

when
quando

Quando suonerà la sveglia?
When will the alarm clock ring?

---

where
dove

Dove sono le scarpe di Susanna?
Where are Susan's shoes?

---

whistle
il fischietto

Tutti hanno usato i fischietti!
They all blew their whistles!

---

white
bianco

I fiocchi di neve sono bianchi.
Snowflakes are white.

wide
largo

Il fiume è molto largo.
The river is very wide.

---

wig
la parrucca

Il pagliaccio porta una buffa parrucca arancione.
The clown wears a silly orange wig.

---

win*
vincere

Elena ha vinto un premio.
Helen won a prize.

---

wind
il vento

Il vento mi ha portato via il cappello.
The wind blew my hat off.

---

window
la finestra

Le finestre sono aperte d'estate.
The windows are open in the summer.

---

wing
l'ala (f.)

Gli uccelli usano le ali per volare.
Birds use their wings to fly.

---

winter
l'inverno (m.)

La neve copre il cortile d'inverno.
Snow covers the yard in winter.

---

wipe
asciugare

Susanna sta asciugando l'acqua sugli occhiali.
Susan is wiping the water off her glasses.

---

with
con

Maria ha colpito il chiodo con un martello.
Mary hit the nail with a hammer.

---

wolf*
il lupo

Un lupo è uscito dalla foresta.
A wolf ran out of the forest.

---

woman*
la donna

Mia zia è una donna bassa.
My aunt is a short woman.

(fire)wood
la legna

Roberto ha tagliato dell'altra legna per il caminetto.
Robert cut more wood for the fireplace.

---

woodpecker
il picchio

Il picchio fa dei buchi negli alberi.
A woodpecker makes holes in trees.

---

word
la parola

Maria legge le parole sulla lavagna.
Mary read the words on the chalkboard.

---

work
lavorare

A scuola lavoriamo tutti.
We all work at school.

---

workshop
l'officina (f.)

Papà ripara le cose nell'officina.
Dad fixes things in his workshop.

---

world
il mondo

Il mondo è rotondo come una palla.
The world is round like a ball.

---

worm
il verme

L'uccello ha trovato un verme nell'erba.
The bird found a worm in the grass.

wreath
la ghirlanda

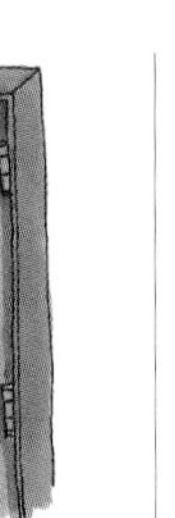

Sulla nostra porta c'è una ghirlanda.
There is a wreath on our door.

wrestling
la lotta libera

Roberto fa parte della squadra di lotta libera.
Robert is on the wrestling team.

wrist
il polso

Susanna ha una benda attorno al polso.
Susan has a bandage on her wrist.

wrench
la chiave inglese

Papà ha riparato il rubinetto con una chiave inglese.
Dad fixed the faucet with a wrench.

wrinkles
grinze

I pantaloni di Stefano sono pieni di grinze.
Steven's pants are full of wrinkles.

write*
scrivere

Alcuni aerei scrivono nel cielo.
Some airplanes write in the sky.

XxXxXxXx

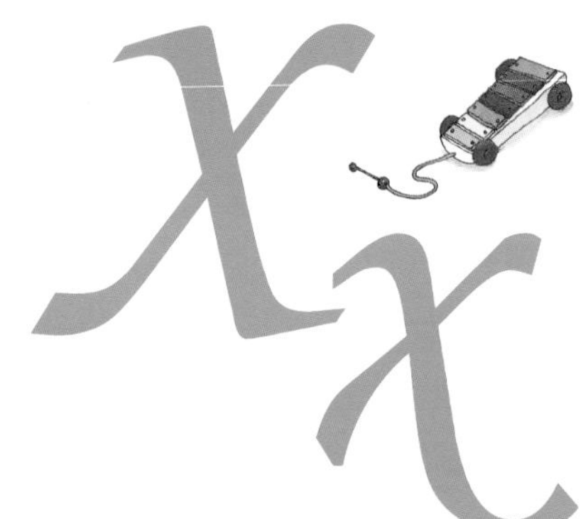

xylophone
lo xilofono

Elena suona lo xilofono.
Helen plays the xylophone.

YyYyYyYy

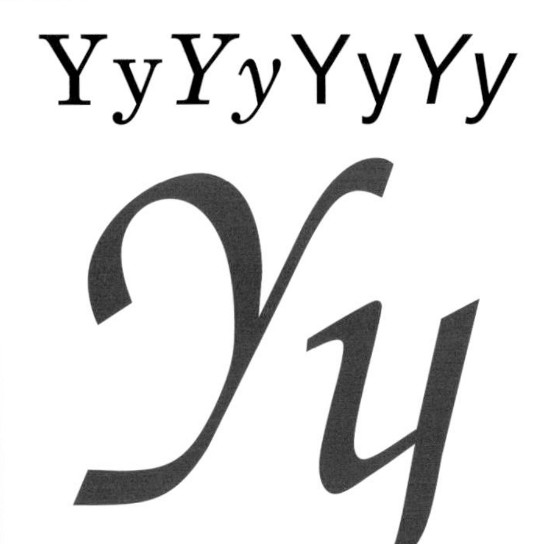

yarn
il filato

Al gattino piace giocare con il filato.
The kitten loves to play with yarn.

yellow
giallo

L'autobus della scuola è giallo.
The school bus is yellow.

yard
il cortile

Il cortile ha uno steccato intorno.
The yard has a fence around it.

yolk
il tuorlo

Il tuorlo è la parte gialla dell'uovo.
A yolk is the yellow part of an egg.

ZzZzZzZz

zebra
la zebra

La zebra ha delle strisce nere e bianche.
A zebra has black and white stripes.

zipper
la chiusura lampo

La giacca di Stefano ha una lunga chiusura lampo.
Steven's jacket has a long zipper.

zoo
lo zoo

Lo zoo è il mio luogo preferito.
The zoo is my favorite place.

Appendices

Numbers
I numeri

Days of the Week
I giorni della settimana

Months of the Year
I mesi dell'anno

Shapes
Le forme

Directions
Le direzioni

Time
L'orario

Irregular English Verbs,
Nouns, and Adjectives

Numbers

I numeri

0	zero	**lo zero**
½	one-half	**mezzo**
1	one	**uno**
2	two	**due**
3	three	**tre**
4	four	**quattro**
5	five	**cinque**
6	six	**sei**
7	seven	**sette**
8	eight	**otto**
9	nine	**nove**
10	ten	**dieci**
11	eleven	**undici**
12	twelve	**dodici**
13	thirteen	**tredici**
14	fourteen	**quattordici**
15	fifteen	**quindici**
16	sixteen	**sedici**
17	seventeen	**diciassette**
18	eighteen	**diciotto**
19	nineteen	**diciannove**
20	twenty	**venti**
21	twenty-one	**ventuno**
22	twenty-two	**ventidue**
23	twenty-three	**ventitrè**

24	twenty-four	**ventiquattro**
25	twenty-five	**venticinque**
26	twenty-six	**ventisei**
27	twenty-seven	**ventisette**
28	twenty-eight	**ventotto**
29	twenty-nine	**ventinove**

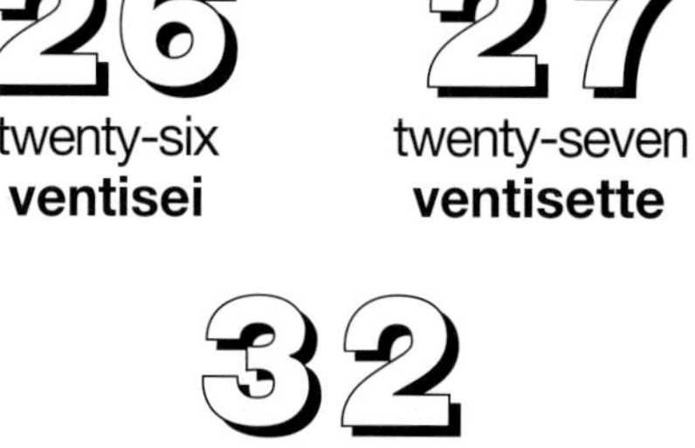

30	thirty	**trenta**
31	thirty-one	**trentuno**
32	thirty-two	**trentadue**
33	thirty-three	**trentatrè**
34	thirty-four	**trentaquattro**
35	thirty-five	**trentacinque**
36	thirty-six	**trentasei**
37	thirty-seven	**trentasette**
38	thirty-eight	**trentotto**
39	thirty-nine	**trentanove**

40	forty	**quaranta**
41	forty-one	**quarantuno**
42	forty-two	**quarantadue**
43	forty-three	**quarantatrè**
44	forty-four	**quarantaquattro**

45	forty-five	**quarantacinque**
46	forty-six	**quarantasei**
47	forty-seven	**quarantasette**
48	forty-eight	**quarantotto**
49	forty-nine	**quarantanove**

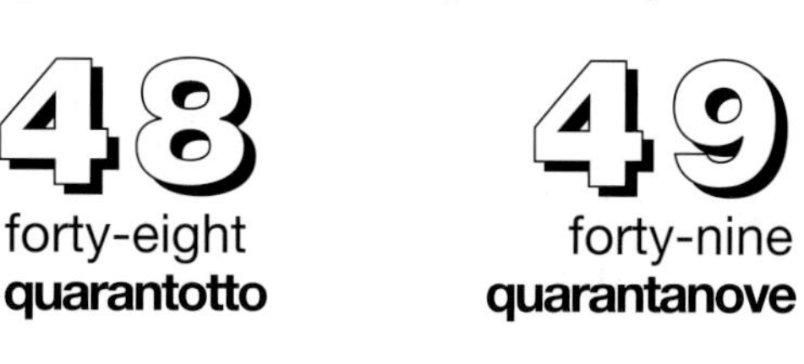

50	fifty	**cinquanta**
51	fifty-one	**cinquantuno**
52	fifty-two	**cinquantadue**
53	fifty-three	**cinquantatrè**
54	fifty-four	**cinquantaquattro**

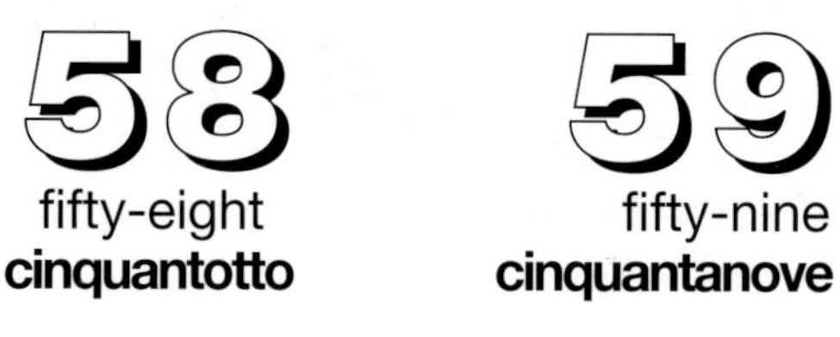

55	fifty-five	**cinquantacinque**
56	fifty-six	**cinquantasei**
57	fifty-seven	**cinquantasette**
58	fifty-eight	**cinquantotto**
59	fifty-nine	**cinquantanove**

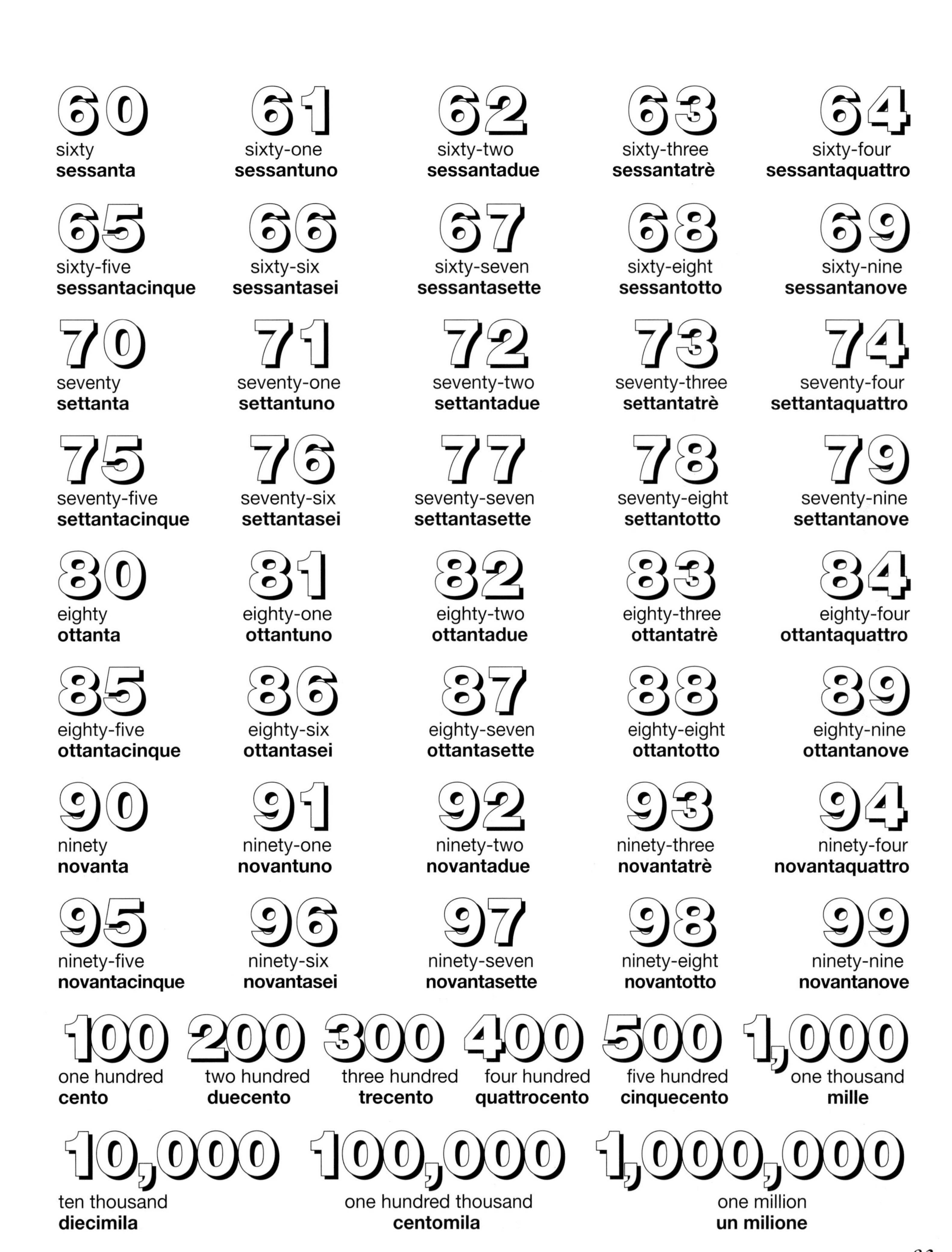
60
sixty
sessanta
61
sixty-one
sessantuno
62
sixty-two
sessantadue
63
sixty-three
sessantatrè
64
sixty-four
sessantaquattro
65
sixty-five
sessantacinque
66
sixty-six
sessantasei
67
sixty-seven
sessantasette
68
sixty-eight
sessantotto
69
sixty-nine
sessantanove
70
seventy
settanta
71
seventy-one
settantuno
72
seventy-two
settantadue
73
seventy-three
settantatrè
74
seventy-four
settantaquattro
75
seventy-five
settantacinque
76
seventy-six
settantasei
77
seventy-seven
settantasette
78
seventy-eight
settantotto
79
seventy-nine
settantanove
80
eighty
ottanta
81
eighty-one
ottantuno
82
eighty-two
ottantadue
83
eighty-three
ottantatrè
84
eighty-four
ottantaquattro
85
eighty-five
ottantacinque
86
eighty-six
ottantasei
87
eighty-seven
ottantasette
88
eighty-eight
ottantotto
89
eighty-nine
ottantanove
90
ninety
novanta
91
ninety-one
novantuno
92
ninety-two
novantadue
93
ninety-three
novantatrè
94
ninety-four
novantaquattro
95
ninety-five
novantacinque
96
ninety-six
novantasei
97
ninety-seven
novantasette
98
ninety-eight
novantotto
99
ninety-nine
novantanove
100
one hundred
cento
200
two hundred
duecento
300
three hundred
trecento
400
four hundred
quattrocento
500
five hundred
cinquecento
1,000
one thousand
mille
10,000
ten thousand
diecimila
100,000
one hundred thousand
centomila
1,000,000
one million
un milione

Days of the Week
I giorni della settimana

Monday
lunedì

Tuesday
martedì

Wednesday
mercoledì

Thursday
giovedì

Friday
venerdì

Saturday
sabato

Sunday
domenica

Months of the Year
I mesi dell'anno

January
gennaio

February
febbraio

March
marzo

April
aprile

May
maggio

June
giugno

July
luglio

August
agosto

September
settembre

October
ottobre

November
novembre

December
dicembre

Shapes
Le forme

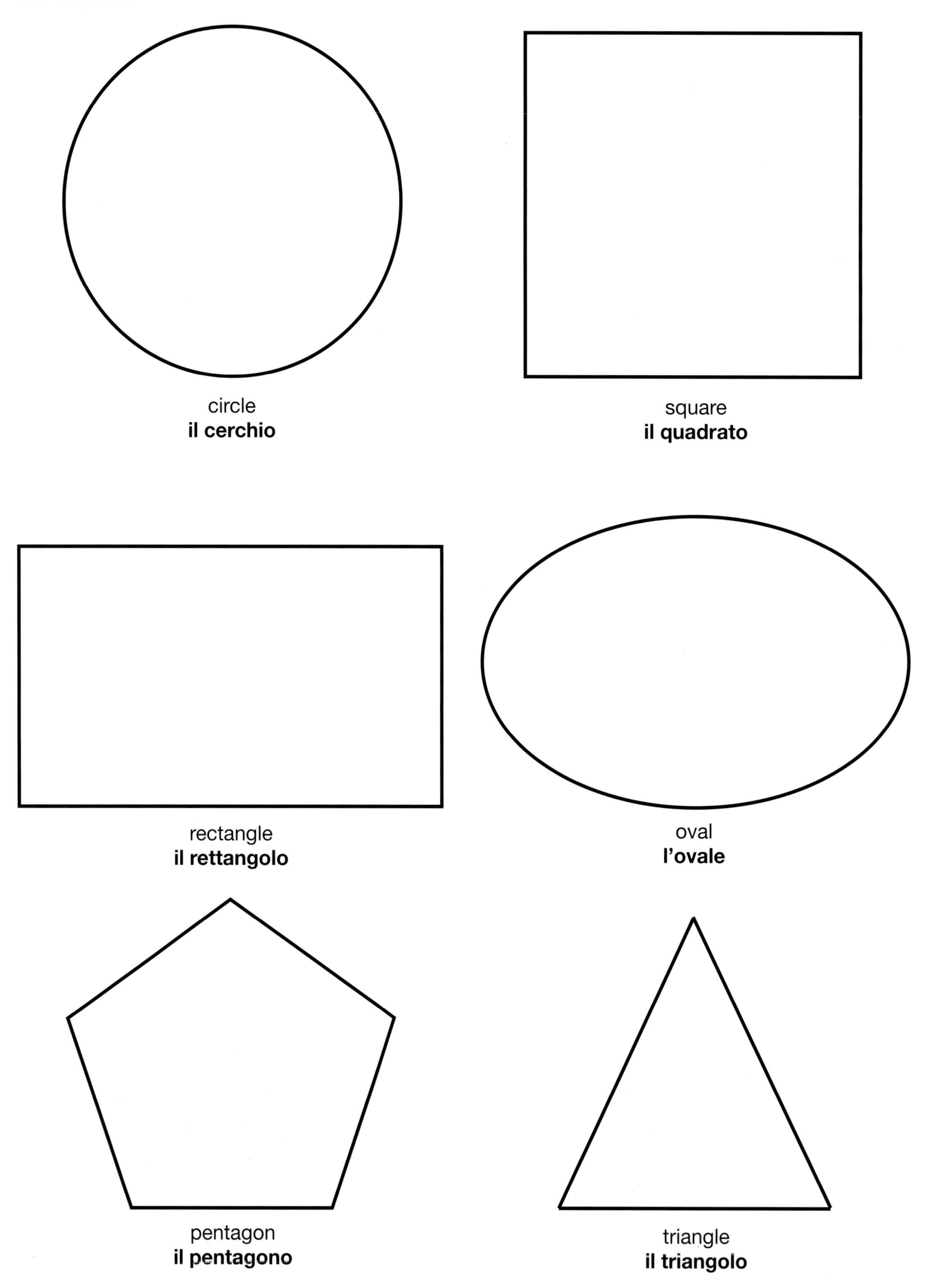

Directions
Le direzioni

North
nord

Northwest
nord-ovest

South
sud

Southwest
sud-ovest

East
est

Northeast
nord-est

West
ovest

Southeast
sud-est

Time

L'orario

It is a quarter of two.
Sono le due meno un quarto.

It is half past six.
Sono le sei e mezza.

It is midnight.
E' mezzanotte.

It is 1:00 P.M.
E' l'una di notte.

It is noon.
E' mezzogiorno.

It is six o'clock.
Sono le sei.

It is 1:00 A.M.
E' l'una del mattino.

Irregular English Verbs

become, became, become
bite, bit, bitten
blow, blew, blown
break, broke, broken
build, built, built
burn, burned or burnt, burned
buy, bought, bought
catch, caught, caught
come, came, come
cut, cut, cut
dig, dug, dug
dive, dived or dove, dived
do, did, done
draw, drew, drawn
dream, dreamt or dreamed, dreamt or dreamed
drink, drank, drunk
drive, drove, driven
eat, ate, eaten
fall, fell, fallen
find, found, found
fly, flew, flown
forget, forgot, forgotten
freeze, froze, frozen
give, gave, given
go, went, gone
grow, grew, grown
hang, hung, hung
have, had, had
hit, hit, hit
hold, held, held
hurt, hurt, hurt
is, was, been (be)
keep, kept, kept
knit, knit or knitted, knit or knitted
leap, leapt or leaped, leapt or leaped
light, lighted or lit, lighted or lit
make, made, made
put, put, put
read, read, read
ride, rode, ridden
ring, rang, rung
run, ran, run
see, saw, seen
sell, sold, sold
sew, sewed, sewn
show, showed, shown
sing, sang, sung
sit, sat, sat
sleep, slept, slept
slide, slid, slid
speak, spoke, spoken
spin, spun, spun
spread, spread, spread
stand, stood, stood
sweep, swept, swept
swim, swam, swum
take, took, taken
teach, taught, taught
tell, told, told
think, thought, thought
throw, threw, thrown
wear, wore, worn
win, won, won
write, wrote, written

Irregular English Nouns

calf, calves
child, children
deer, deer
die, dice
doorman, doormen
fish, fish or fishes
fisherman, fishermen
foot, feet
goose, geese
half, halves
handkerchief, handkerchiefs or handkerchieves
hoof, hooves
knife, knives
leaf, leaves
man, men
mouse, mice
policeman, policemen
policewoman, policewomen
scarf, scarves
sheep, sheep
shelf, shelves
snowman, snowmen
starfish, starfish
tooth, teeth
wolf, wolves
woman, women

Irregular English Adjectives

good, better, best
less, least
more, most

Index

A

B

D

E

F

Q

R

S

T

U

V

X

Z